U0555114

讲好文物故事
倾听历史回声

2020年内蒙古自治区博物馆
讲解员职业技能比赛讲解词汇编

内蒙古自治区文物局　编

文物出版社

图书在版编目（CIP）数据

讲好文物故事 倾听历史回声：2020年内蒙古自治区博物馆讲解员职业技能比赛讲解词汇编 / 内蒙古自治区文物局编 .—— 北京 : 文物出版社，2022.6
ISBN 978-7-5010-7550-8

Ⅰ.①讲… Ⅱ.①内… Ⅲ.①博物馆—讲解工作—内蒙古 Ⅳ.①G266

中国版本图书馆 CIP 数据核字（2022）第 065621 号

讲好文物故事 倾听历史回声

2020 年内蒙古自治区博物馆讲解员职业技能比赛讲解词汇编

编　　者：内蒙古自治区文物局

责任编辑：王　媛
装帧设计：杨　涛
责任印制：王　芳
责任校对：李　薇

出版发行：文物出版社
社　　址：北京市东城区东直门内北小街 2 号楼
邮政编码：100007
网　　址：http://www.wenwu.com
经　　销：新华书店
印　　刷：宝蕾元仁浩（天津）印刷有限公司
开　　本：710mm×1000mm　1/16
印　　张：12.5
版　　次：2022 年 6 月第 1 版
印　　次：2022 年 6 月第 1 次印刷
书　　号：ISBN 978-7-5010-7550-8
定　　价：98.00 元

本书版权独家所有，非经授权，不得复制翻印

编　委　会

主　　任：曹建恩　傲木格

副 主 任：赵建华　张国丽

编　　委：侯　俊　张亚强　乌兰托娅

主　　编：侯　俊　马晓丽

副 主 编：蒋丽楠　贾　娜

编　　辑：石　瑛　武燕燕　李雅洁　朝　鲁　张瑞娟
　　　　　陶丽洁　秦　娜　徐　鹿　李志平

主办单位：内蒙古自治区文物局
　　　　　内蒙古自治区教科文卫体工会

习近平总书记2015年2月15日考察西安博物院时曾强调："一个博物院就是一所大学校。要把凝结着中华民族传统文化的文物保护好、管理好，同时加强研究和利用，让历史说话，让文物说话，在传承祖先的成就和光荣、增强民族自尊和自信的同时，谨记历史的挫折和教训，以少走弯路、更好前进。"这一重要论述深刻阐明，博物馆在履行好保护管理文化遗产基本职能的同时，还要深挖文物的丰富文化内涵，通过公众教育让文物活起来，这是博物馆应当承担的社会责任。

在内蒙古自治区党委、政府的领导下，我区博物馆事业欣欣向荣、蓬勃发展，人民群众走进博物馆、参观博物馆已经成为美好生活的重要组成部分。讲解员是直接面对观众阐释展览主题、讲解文物内涵，让观众感悟历史、接受教育的关键岗位，是博物馆这所大学校里的讲师和导师。讲解员素质的高低直接影响博物馆的公众形象，决定着广大观众能否在博物馆接收到正确的科学知识和历史知识。所以，培养高素质的讲解员队伍是博物馆十分重要的工作，是一项关系到能否将博物馆这所大学校办好、办出成效的基础性工作。

全区各级文物行政部门、博物馆高度重视讲解员队伍建设，他们采取"走出去、请进来"的方式，从政治理论、专业技能、职业素养以及相关学科等多方面不断加强培训工作，为适应新时代博物馆发展要求，向观众提供导向正确、史实准确的规范化讲解服务奠定了深厚基础。为检验培训成效，进一步引导和激励讲解员提高劳动技能和综合素质，增强学习能力、创新能力和竞争能力，以良好的精神风貌迎接中国共产党成立100周年，自治区文物局、自治区教科文卫体工会于2020年10月

28日联合举办"中国梦·劳动美——2020年全区博物馆讲解员职业技能比赛"。各盟市选拔出的60名讲解员参加了比赛,共评出一等奖6名、二等奖10名、三等奖14名、优秀奖30名。

比赛所使用的讲解词,全部由参赛讲解员以铸牢中华民族共同体意识为主线,根据自己对文物背后的故事或历史事件的理解和认识撰写,从不同角度阐释了各民族交往交流交融的历史。讲解词运用的辞藻也许不够华丽,体现的学术不够高深,但展现了新时代讲解员崇高的敬业精神和优秀的职业素养。我们将讲解员的参赛讲解词汇编成册,一方面是供讲解员交流学习,另一方面也是对讲解员的鼓励与鞭策。比赛有名次,敬业无止境。愿在博物馆辛勤工作的讲解员,不忘初心,牢记使命,为弘扬中华民族优秀传统文化作出更大贡献!

内蒙古自治区文物局局长 曹建恩

2022年4月

壹　呼和浩特市

贰　包头市

叁　呼伦贝尔市

玖　鄂尔多斯市

拾　巴彦淖尔市

拾壹　乌海市

拾贰　阿拉善盟

壹

呼和浩特市

民族团结的纪念塔——青冢

昭君博物院　宫娜

"群山万壑赴荆门，生长明妃尚有村。一去紫台连朔漠，独留青冢向黄昏。"现在我们大家所看到的便是闻名海内外的"王昭君墓"。著名史学家翦伯赞先生曾说："在大青山脚下，唯有一处古迹是永远不废弃的，那就是被称作'青冢'的昭君墓。"它位于内蒙古呼和浩特市南郊大黑河畔，地处昭君博物院中心区域，始建于西汉时期，是史籍记载和民间传说中汉朝明妃王昭君的墓地。整个墓体坐北朝南，呈覆斗状，高33米，占地面积13000平方米，是中国最大的汉墓之一，全部人工夯筑而成。王昭君墓在文献和史料中亦被称作"青冢"，距今已有2000多年的悠久历史。

关于"青冢"的得名，在《大同府志》中有载："塞草皆白，惟此冢草青，故名。""青冢"的记载最早见于唐代著名诗人李白、杜甫等人的诗词当中。如李白的《王昭君二首》："生乏黄金枉图画，死留青冢使人嗟。"又如杜甫的《咏怀古迹》："一去紫台连朔漠，独留青冢向黄昏。"另有唐杜佑《通典·州郡》记载："金河，有长城。有金河，上承紫河及象水，又南流入河。李陵台，王昭君墓。"其中金河指的便是位于呼和浩特南郊的大黑河畔，由此印证了王昭君墓的地理位置最晚至唐代便已有明确记载。此后，宋、元、清等时期的史料中均有相关内容的记载，如宋乐史的《太平寰宇记》卷三十八记载："青冢在金河县西北，汉王昭君墓葬于此，其上草色青青，故曰青冢。"

1961年，考古工作者来到这里考察，确认王昭君墓是西汉中晚期垒砌而成，其墓葬形制为覆斗式，这也是汉墓封土的标准形式。

唐代《王昭君变文》中称："王昭君去世后，汉哀帝曾派遣使者前来吊唁。"由此可知，王昭君墓的年代和书中记载的王昭君事迹大体相符，这也进一步证实了内蒙古呼和浩特市南郊大黑河畔的王昭君墓就是西汉时期夯筑而成的贵族墓葬。

昭君墓依山傍水，景色宜人，加以晨曦、晚霞相映照，故民间有昭君墓一日三变之说，即"晨如峰，午如钟，酉如枞"。意思是清晨看到的昭君墓如同一座屹立高耸的山峰，午后看到的昭君墓如同一座倒扣的大钟，在夕阳西下之时再看昭君墓则如同美丽的鸡枞。

公元前33年，和平使者王昭君"乃请掖庭令求行"，主动出塞和亲，为汉匈两族民众带来了60多年的和平友好局面，出现了"边城掩蔽，牛马布野"的升平景象。60年沧海一粟，60年兵不见刃，百姓安居乐业。从风华正茂的少女到步履蹒跚的老妇，她用满腔热血昭示和平，其出塞时间之长、贡献之巨、影响之远，在古代民族关系史上也是少见的。

"琵琶一曲弹至今，昭君千古墓犹新。"今天的王昭君墓，宛如北方草原上一颗璀璨的明珠，用独特的魅力彰显着民族团结的永恒主题。

来自雪域高原的颂歌

昭君博物院　宫娜

中国自古以来就是一个多民族国家，中华民族的历史是各民族共同缔造、发展、巩固统一的伟大祖国的历史。各民族之所以团结融合，源于文化上的兼收并蓄、经济上的相互依存、情感上的相互亲近，源于中华民族追求团结统一的内生动力。在历史长河中，各民族之间还形成了源远流长的和亲文化。

在昭君博物院的中国古代和亲馆，展现的和亲事件有360多个。这就意味着至少曾有360多位和亲公主远嫁他乡。她们肩负着和平的使命，完成了人生浓墨重彩的篇章。

令我印象深刻的便是文成公主入藏和亲的故事。

公元7世纪初，中原地区经过数百年的战争，由唐高宗李渊建立了中国历史上强盛的唐朝，成为当时东亚地区文明的中心，对周边民族部落产生了强烈的影响，许多民族部落纷纷与唐朝修好。而在这个时候，松赞干布也已称雄雪域高原，完成了对一些部落的兼并，建立了统一的吐蕃政权。松赞干布积极谋求与唐朝建立密切关系，从公元634年起两次派能言善辩、聪明机智的大相禄东赞出使长安，向唐皇求亲。公元641年，唐太宗终于同意松赞干布和亲的要求，答应把宗室女文成公主嫁给他。在唐蕃专使及众侍从的陪同下，文成公主踏上了漫漫的唐蕃古道。

文成公主带来了大唐的优秀文化和先进生产技术，和松赞干布同心协力发展吐蕃的文化和经济。当时藏族没有文字，在文成公主的主张下，松赞干布派人专门研究，创造了30个藏文字母和拼音造句文法，结束了藏族无文字的历史，从此汉文书籍可以译成藏文，对藏族文化的发展起到了促进作用。藏族过去无完整的历法，以麦收的季节作为一年的开始，文成公主推行夏历制，大大便利了藏族历史文化的纪年和著录。文成公主信佛，松赞干布在她的影响下大力提倡佛教，还特地在拉萨修了大昭寺，这对藏族人精神生活影响之大难以估量。

文成公主在吐蕃生活了近40年，我们很难想象这40年她经历了什么。她的和亲不仅消弭了战争，稳定了边界，还给吐蕃送去了大唐文明。她用行动赢得了吐蕃民众的尊重，上不负大唐天恩，下恩泽吐蕃万民，为汉藏友好往来奠定了坚实的基础。

今天的中国在世界舞台上发挥着越来越重要的作用，这是各族儿女手拉手、肩并肩共同努力奋斗的结果。让我们像石榴籽那样紧紧地抱在一起，共居、共学、共事、共乐，共享祖国繁荣发展的硕果！

明妃出塞图

昭君博物院　柳芳

　　大漠的沙石聆听过她对国家不舍的琴音，塞北的寒风见证过她对民族和谐的期盼。2000多年前，一个美貌非凡的汉家女子顶风冒雪，踏上了出塞和亲的征途，从此便如同一轮皎洁的明月，世代吸引着人们的目光，她就是民族友好的使者——王昭君。

　　现如今珍藏在日本大阪市立美术馆的纸本水墨画《明妃出塞图》，是南宋杰出女画家宫素然的作品。该图横160.2厘米、纵30.2厘米，描绘了西汉元帝时宫女王嫱远嫁匈奴，于众随行跋涉塞外的情形。全图共绘14人，分成4组遥相呼应、连贯始终。宫素然擅长白描人物画，该图线条十分丰富、巧妙，画家用笔变化多端且富有气势。

　　画面最前方，开路的两匹马跨步低头前行，　旁的小马看上去有些弱不禁风。马背上的人有一个扛旗，手中的旌旗被大风吹拂后仰，另一个人侧身掩面。

　　第二组人物以王昭君为中心。前面有两马夫挽缰，缩肩挽袖艰难的引马。王昭君头戴貂冠，身着胡服，右手挽马之鬃毛，左手遮住下巴，似要挡住阵阵寒风的侵袭吹拂，眼神中流露出坚毅之色。后面有一怀抱琵琶的女仆骑马相随，回首而望。

　　接下来的一组七人七马，为护送、迎接的官员，均匆匆前行，以尽自己的职责。

最后一组仅有一人，呈策马飞奔状，其右手臂上站立一只猎鹰，马前还有一只猎犬奔跑前行。

这一系列精妙传神的画面有着相继相连的关系，展现了画家摄情的功力，表现出了昭君出塞的决心和临寒无惧的心胸。画家对背景的处理也可谓独到，整幅画面的背景没有一草一木、一花一石，只是用大笔触淡淡渲染突显了景色荒凉、长路无边的感觉，让观者感受到了明妃出塞的艰难。

"昭君出塞"是"美"文化、"和"文化的典范。文化是人类文明的结晶，文化是撬动地球的杠杆，它是无形的更是无价的。王昭君的美，在于她临寒无惧的心胸、自愿和亲的主见与勇气，更在于她促进两族和平共进的努力、以塞北为家的执着与专一。王昭君的故事之所以能够流传千古，昭君文化之所以有如此大的魅力，就是因为"和合"的思想是中国传统文化重要的概念和思维方式，是民族融合的精神动力与民族凝聚力的重要源泉，昭君文化反映出的是千百年来中华民族"以和为贵"的民族凝聚力。

"和合"之美，才是昭君文化的绝美之美！

昭君自有千秋在

昭君博物院　柳芳

　　王昭君出生于山清水秀的秭归，从小就目睹体验了楚地的水乡文明和农耕文明。"扈江离与辟芷兮，纫秋兰以为佩。"《楚辞》的余韵如阳光雨露般滋养着她，香溪水的云岚雾霭浸润着她，祖先崇尚自然的信仰和开拓大地的伟业激励着她，古朴忠贞的乡风熏染着她。从秭归的青山秀水走向宏伟的大汉宫殿，再走向塞外的大漠，王昭君以心中的小爱构建了民族团结的大爱。一路走来，长江文化的浪花和黄河文化的波涛荡涤着她，草原马背民族的盛情感染着她，她所弹奏的琵琶曲和牧民的琴声交响融汇成美妙的天籁之音——和平之曲。

　　从历史资料看，昭君在漠北与匈奴人生活融洽，深受民众的爱戴。据《汉书·匈奴传》记载，公元前33年王昭君嫁于匈奴首领呼韩邪单于，生一子名伊屠智牙师；公元前31年，呼韩邪单于去世，其子雕陶莫皋继单于位，王昭君继嫁并生二女，长女云为须卜居次，小女为当于居次。

　　在王昭君的影响下，她的子女、侄子以及后代都继续为汉匈友好而奔走。新莽时期，王莽违背宣元时期与匈奴的约定，汉匈关系日益紧张，王昭君的女儿和女婿做了大量的工作来缓和气氛。王昭君的侄子王歙和王飒，自天凤年间至建武六年曾四次担任出使匈奴的使者，且封号都与"和亲"有关。王昭君和她的后人维护了大半个世纪的汉匈和平，这样的成就在中国历史上也是少有的。

昭君出塞是多民族交流融合、携手发展的真实写照。随着社会的进步和时代的发展，昭君文化越来越显示出她的生命力，越来越放射出万丈光芒，其博大的多元性、开放性、包容性的核心便是和平的理念。习近平总书记曾说过："中国人民深知，和平对人类就像阳光和空气一样重要，没有阳光和空气，万物就不能生存生长。""中华民族历来是一个爱好和平的民族，爱好和平的思想深深嵌入了中华民族的精神世界，今天依然是中国处理国际关系的基本理念。"正昭示着人们要世世代代弘扬和平理念，为构建"人类命运共同体"与和谐世界而坚持不懈的努力与奋斗！

　　一生献大漠，万世流芳名！

汉匈民族友好融合的典范——昭君出塞

昭君博物院 马佳妮

西汉初期经济凋敝，以致天子出行连四匹颜色一样的马都找不到。而这个时候漠北草原的匈奴在冒顿单于的带领下占领了大片土地，北达贝加尔湖，南抵长城沿线，东达辽东半岛，西达阿尔泰山脉，幅员辽阔。

公元前200年，汉高祖刘邦在白登山被匈奴骑兵围困7天7夜，用陈平之计才得以逃脱。这让汉朝皇帝意识到攻打匈奴不能一蹴而就，于是采纳刘敬的建议，与匈奴和亲。经过60多年的休养生息，汉朝国力逐渐强大。公元前71年，汉与乌孙联合，先后多次出击匈奴，初步解除了边患。

公元前57年，匈奴内部出现了五单于争斗的局面，其中呼韩邪单于打算向南内附汉室，于是上书汉朝表示和好。在这一背景下，王昭君出场了。公元前33年，呼韩邪单于第三次觐见汉帝，带来大量礼物的同时还提出了一个心愿，即"愿婿汉氏以自亲"。汉元帝答应了他的要求，从后宫中挑选了五位貌美的姑娘，王昭君更是主动请缨。就连《后汉书》这一"官宣"正史，都忍不住用细腻柔情的笔法来记述昭君出塞前在临辞大会上的情景："昭君丰容靓饰，光明汉宫，顾景裴回，竦动左右。帝见大惊，意欲留之，而难于失信，遂与匈奴。"区区几十个字，传颂了2000多年。公元前33年本是汉元帝建昭六年，但是为了纪念昭君出塞这一大事，汉元帝下诏改元为"竟宁"。"竟"同"边境"之"境"，取"边境安宁"之意。这在中国历史上是唯一一次因和亲而改年号。1954年内蒙古包头市出土的陶片瓦当上刻有"单于和亲""千秋万岁""长乐未央"等祝词，反映了当时汉匈的和平相处。

与以往不同，此次和亲是和而又亲，它不再是汉匈政权间的单纯外交政策，而是一种民族友好政策。昭君出塞为汉与匈奴带来了60多年的友好和平。史料记载，汉与匈奴"边城晏闭，牛马布野，三世无犬吠之警，黎庶无干戈之役"。王昭君把中原的先进生产技术以及文化成果带到了草原，如医术、纺织、种植、养殖、铸铁、制陶、酿酒工艺等，提高了匈奴人的生产能力，改善了他们的生活水平。

在农耕文化与游牧文化的长期交流融合下，匈奴以兼容并蓄之势创造了具有浓郁特色的匈奴文化。从匈奴贵族墓地出土的一些汉代中原遗物，尤其是双龙纹玉璜、车、丝织品、青铜镜等，可以看出在匈奴社会内部逐渐形成了崇尚汉代礼仪制度的社会风尚。展开历史长卷，这样的例子比比皆是，从赵武灵王胡服骑射到北魏孝文帝汉化改革，从"洛阳家家学胡乐"到"万里羌人尽汉歌"，各民族交相辉映，历久弥新。秦汉雄风、大唐气象、康乾盛世，都是各民族共同创造的历史。

今天，中国56个民族的形成正是长期民族融合与文化交流的结果，昭君出塞则正是民族间交往交流交融的成功范例。就像习近平总书记说的那样："各族人民亲如一家，是中华民族伟大复兴必定要实现的根本保证。""一部中国史，就是一部各民族交融汇聚成多元一体中华民族的历史，就是各民族共同缔造、发展、巩固统一的伟大祖国的历史。"

和林格尔壁画墓——兼容并蓄的民族融合

昭君博物院　马佳妮

20世纪70年代，在内蒙古自治区和林格尔县新店子公社小板申村发现了一座大型东汉墓。墓室可见壁画共46组57个画面，总面积100多平方米，内容丰富，气势恢宏，详细描绘了墓主人生前步入仕途以及担任护乌桓校尉的过程，有出行、宴会、观看演出的生活画面，以及放牧、耕种、养蚕等劳动场景，此外还有表现中国传统文化的忠孝观念、圣贤烈士以及经史故事、神话故事等内容的画面。

位于中室的《宁城图》描绘了护乌桓校尉幕府的形制和墓主人生前的活动。幕府的前面，即县城东门有一个四方形的区域，标注着"宁市中"的字样，这其实就是很多古籍中记载的"上古胡市"。在市东南和西北两个外角上分别画有一人，隔着市场相对而立，应该是当时管理市场的官吏。"宁市中"是汉代中原王朝和边疆少数民族频繁友好交流的历史见证。壁画中墓主人的居住环境、建筑样式和结构色彩等，体现出当时北方城市和中原地区城市的规划是相同的。壁画中多次出现髡头的少数民族人物形象，比如《护乌桓校尉出行图》中有边行边猎的乌桓人，《乐舞百戏图》中有髡头男子与武官轻松交谈，此外还见有络绎不绝进入幕府的众多髡头之人等。不同民族的人物，身穿不同的装束，留着各式各样的发式，却共同出现在壁画上，真实反映了我国自古以来就是一个多民族的国家。

后室西壁上方正中绘两座弯庐顶的帐幕，左右排列，顶有红、黑、黄三色相间的云纹，帐檐下有黑色帐幔，并有红色流苏下垂，帐中分别坐着墓主人及其妻子。东汉后期，中原贵族官僚对北方各少数民族的生活用品、服装式样、饮食烹调方法乃至音乐舞蹈产生了浓厚的兴趣，史称汉灵帝好胡服、胡帐、胡床、胡坐、胡饭、胡箜篌、胡笛、胡舞等，当时京城贵戚"皆竞为之"。因此墓主人以胡帐为下榻之处是当时的时尚，也充分显示了北方各少数民族对我国古代文明的贡献。

壁画的众多画面突出了一个主题，即汉代阴山地区不同民族间经济文化交流、接纳、融合的脚步从未停歇。这片土地自古以来就是游牧文化和农耕文化交汇与碰撞的地区，匈奴、鲜卑、乌桓、契丹、女真、蒙古族等少数民族都曾来这里游牧驻地，中原人民也在不同时期因战乱迁徙等各种原因到此生活，文化在此相互融合，浑然天成。一部中国史，就是一部各民族交融汇聚成多元一体中华民族的历史，是你中有我、我中有你，相互依存、相互借鉴，共同创造的历史。

草原上跳舞的精灵——蒙古马

昭君博物院　托雅

　　公元前3世纪，匈奴的崛起与强盛，除了民族的强悍与所处历史机遇等诸多因素之外，骁勇善战的匈奴骑兵发挥着决定性的作用，而马是匈奴骑兵所向披靡、战胜敌人的法宝。马不仅是匈奴的强盛之本，更在匈奴人的游牧生活中起着举足轻重的作用。为了追逐草原上的黄羊、野鹿，为了驱赶逐水草而迁徙的牛羊，更为了驱逐来自其他部族的侵扰，匈奴人从小就要学习骑马，甚至有的人就是在马背上脱离母腹来到这个世界上。马在匈奴人的生产生活中具有重要的地位。

　　匈奴人将野马驯化为家马这一伟大创举，为日后鲜卑、柔然、回纥等游牧民族的马业发展奠定了坚实的基础。那么，早期匈奴人的马是什么样子呢？在鄂尔多斯市杭锦旗桃红巴拉匈奴墓内随葬有马、牛、羊的头和蹄。蒙古国肯特爱玛克达乌日力克·那日苏匈奴墓中随葬有完整的马头。巴泽雷克文化的中小型墓葬中也随葬马匹。根据这些墓葬中出土的马骨来看，匈奴马与成吉思汗率领下的蒙古铁骑所骑乘的蒙古马很接近。我们不妨来看一下蒙古马，蒙古马的头很宽，眼睛突出，腿腕很细，比欧洲的马普遍矮小些。由于在空旷的牧区生长，在漫长严冬里没有避寒之地也没有谷物和干草作为补充饲料，所以蒙古马体格不是很高大，鬃毛很长。虽然蒙古马体形矮小，其貌不扬，但是在风霜雪雨的大草原上却能不畏寒暑、不惧艰险，以坚韧不拔的毅力穿沙漠过雪原，在广袤的蒙古高原上创造了一个又一个传奇。

匈奴人在捕获、驯化、饲养和使役马的漫长岁月里，了解并掌握了马的基本形态、身体结构和生活习性，为了更好地保护他们的"朋友"，制作出各种工具，创造了多彩的马具文化。如驾驭马的马御，防护马要害部位的当卢，还有用于装饰的马面饰、銮铃以及制作精美的车辕头饰等。在诺颜乌拉山匈奴墓中还发现了精美的鎏金铁制当卢。

马是游牧民族的象征和图腾，成千上万匹蒙古马聚集在一起呼啸奔腾的画面震撼人心。如今，经过历史的沉淀与实践的熔铸，马的生命已融入游牧民族的方方面面。"千里疾风万里霞，追不上百岔的铁蹄马。"马的形象，就是蒙古族人民团结奋斗的精神标志。

习近平总书记曾说过："蒙古马虽然没有国外名马那样的高大个头，但生命力强、耐力强、体魄健壮。我们干事创业就要像蒙古马那样，有一种吃苦耐劳、一往无前的精神。"随着时代的发展，"蒙古马精神"已经融入边疆人民的血脉中，扎根于中华民族的奋斗史中。这一精神不仅仅属于内蒙古大草原，更属于全中国，是中国精神的重要组成部分。做一匹奔腾的蒙古马吧，向着生命的高度不断前进，永不言弃！

青城漠南第一府

内蒙古自治区将军衙署博物院　张铃

　　说到博物馆，相信大家并不陌生，但我今天带您参观的是一个特色的博物馆——将军衙署博物院。它是全国重点文物保护单位、国家二级博物馆、AAA级旅游景区，于2015年开始对文物本体进行维修，对其周边环境进行综合整治，历时两年，于2017年8月面向社会免费开放。（彩图一：1）

　　将军衙署博物院是依托清代绥远城将军府建立的一座古建类博物馆。清廷为巩固西北疆边陲的稳定，在归化城东北五里处兴建了一座军事驻防城，赐名"绥远城"，并派将军驻守，官封武官一品。将军衙署始建于清乾隆二年，于乾隆四年告竣，距今已有近300年的历史。它是边疆稳定，民族团结的象征，史称"漠南第一府"。现在让我们共同步入绥远城将军府，一睹它全面复原历史原貌后的靓丽风采。

　　复原后的将军衙署占地面积达到2.64万平方米，是严格按照一品封疆大吏规格营建的。整体院落坐北朝南，共五进院，内有房屋132间。主体建筑分为东、中、西三路，中路建筑是复原陈列，按照史实还原了将军衙署的建筑特色、格局及功能；东路是民国式建筑；西路是附属设施及专题展区域。

　　接着我们来参观位于中路的大堂，这也是衙署维修后的一大亮点。大堂是五开间三间进深布瓦顶悬山式建筑，也是署内规格最高、面积最大、保存最为完整的一处建筑。这次维修严格按照"修旧如旧"的原则恢复了堂前的出檐，加大了露台的面积，更加突显了大堂的气势与威严。步入大堂，我们可以看到一尊尊蜡像栩栩如生，展示了将军威坐堂上召见官员的生动场景。抬头可以看到，整个屋顶均为榫卯结构，没有一根钉子，梁上的旋子彩绘图案精巧，庄严肃穆。

步出大堂，我们一起看看复原后将军衙署"前朝后寝"的建筑格局。所谓"前朝"，即将军治政、举行大典之处。所谓"后寝"，即将军与家眷们生活居住的地方。这次维修在二堂之后恢复了垂花门，以一墙把将军的公务区与内宅分隔开来。三堂游廊曲折，展示了将军的书房、客厅、寝室等，配以家居陈设等精美的文物展品，再现了将军起居生活的场景，徜徉其中感受静谧优雅，别有一番滋味。

最后我们要参观的是位于衙署东跨院北侧的这处格调清幽的"澄园"，它是建于1930年的民国园林建筑遗存，由螺山、味莼轩、两宜亭等组成，整体布局高低起伏、错落别致。《绥远通志稿·名胜》中曾描述"澄园景物，不尚奇巧而不失拙，不求宏丽而不流于陋"，是一处颇具文化艺术内涵的园林景观。

将军衙署这座浓缩了城市历史文明和传播爱国主义教育的重要基地，历经风云变幻见证历史沧桑，将以崭新的姿态迎接八方来客。通过我的讲解，您一定意犹未尽吧，想了解更多的衙署故事吗？让我们丁香花开时，相约将军府。

寻青城文脉　讲归绥故事

内蒙古自治区将军衙署博物院　侯佳宁

呼和浩特北依阴山山脉，南濒九曲黄河，坐落在富饶的土默川平原，是一座历史悠久、风光秀丽的塞外名城。

呼和浩特原名"库库和屯"，意为青色的城，建于明万历年间，朝廷赐名"归化城"。该城由土默特部阿拉塔汗与其妻子钟金哈屯所建，钟金哈屯人称三娘子，因此这座城也被人称为"三娘子城"。到了清乾隆年间，为巩固西北疆边陲的稳定，朝廷在归化城东北五里处建成了一座军事驻防城，赐名"绥远城"，并派将军驻守，官封武官一品。民国初期，归化城与绥远城合为归绥市，连接归、绥两城的就是今天呼和浩特繁华的中山路。

绥远城是一处清代八旗驻防城，有东、西、南、北四个城门，东门称迎旭门、南门称承薰门、西门称阜安门、北门称镇宁门。

城中心原建有钟鼓楼，钟鼓楼上下共三层，底层四面设有门洞，门洞东、西、南、北相通。东南角有一小拱石门，顺着曲折的石梯而上可直通二楼楼台。二楼东边挂一个大铁钟，西边立一面牛皮大鼓，室内有木梯直通三楼。在三楼登高远眺，土默川的青山尽收眼底。钟鼓楼南面悬有一巨型横匾，上书"帝城云里"四个大字，是绥远城第66任将军定安亲笔题写。虽然钟鼓楼已经拆除不复存在，但这处地标名称一直沿用，这也是如今"鼓楼公交站""鼓楼立交桥"等称呼的由来。

绥远城是座军事驻防城，在乾隆二年至宣统三年这174年间，共有79任将军在此任职，他们为什么频频更换？平日又是在哪居住生活呢？这就要从绥远城保存下来的古建筑群将军衙署说起了。

将军衙署是绥远城将军的府邸，是绥远城最高权力机构，也是我国现存规模最大、保存最为完整、地位等级最高的清代边疆驻防将军府之一，为祖国的边疆稳定、民族团结作出了突出的贡献。绥远城将军身负保卫边疆要塞的重任，因此清廷每隔几年便要更换一次驻扎将军，以防其拥兵自重。

将军衙署建筑系按《大清会典》一品衙署格式营建，内有房屋132间，总体布局分东、中、西三路，其东西跨院为马房、车房、后勤仓库等用房。民国期间对东西跨院进行了不同程度的修缮和改建，只有中路主线基本保持着原建筑格局和结构。

中轴线上是将军衙署主体建筑，纵向依次为府门、仪门、大堂、二堂、三堂和四堂，共计五进院，各院主建筑两翼均配有厢房、耳房。大堂、二堂及门院为驻节将军公务办公之所，三堂、四堂两院则为将军眷属内宅，是我国传统"前朝后寝"礼制建筑文化的典型格局。府门外有"一"字形大照壁，照壁上镶嵌有第71任绥远城将军克蒙额题写的"屏藩朔漠"四个大字，而这四个字也正体现了将军衙署乃至整个绥远城的历史意义，那就是保卫祖国北部边疆。

经过文物本体维修和环境整治，如今的将军衙署占地面积2.64万平方米，可以向公众充分、全面地展示清代绥远城及将军衙署的丰富历史文化。

正因为有钟鼓楼、将军衙署、大盛魁、公主府、昭君墓等众多文物古迹的留存，呼和浩特市于1986年被国务院公布为国家历史文化名城。这座美丽的青城承载着历史的变迁，也将继续传播中华优秀的传统文化。

贰

包头市

革命母亲乔培玲

敕勒川博物馆　祁丹

一座巍峨的大山横亘在土默川上，那是红色革命的摇篮。在这片蕴含着宝贵精神的土地上，曾涌现出一批英雄的抗日军民。有一位革命母亲，为党献一生，为国献三子，胸怀大义、毁家纾难、抗敌救国，她就是乔培玲。让我们一起聆听她的革命故事，重温那段峥嵘岁月。（彩图五：2）

1884年出生在今土默特左旗的乔培玲，19岁嫁到美岱召镇河子村家大业大的王家，由于土匪进村丈夫不幸遇害，年仅31岁的她带着年幼的三儿一女挑起了重振家业的重担。1937年，日寇的铁蹄踏进绥远，蒙汉各族人民惨遭杀戮。第二年秋，在中国共产党的领导下，八路军李井泉支队挺进大青山，乔培玲带领全家人以"天下兴亡，匹夫有责"的信念参加了抗日斗争。那时，王家成了开展抗日斗争的可靠据点和秘密联络站，家中经常有八路军军政人员住宿、工作，她不仅管吃管住，还为他们站岗放哨。

1939年9月，乔培玲的次子萨县抗日游击队队长王经雨身份暴露，敌人对其恨之入骨并丧心病狂地迫害他的家人。乔培玲不但没有责怪儿子，还鼓励王经雨："跟上共产党、八路军要一直走到底。"

为了免遭日寇的迫害，乔培玲一面毫不犹豫地变卖家产，继续资助游击队的抗日；一面带领儿孙东躲西藏，甚至为了不拖累孩子们曾想削发为尼。后在组织的关怀和帮助下，56岁的乔培玲毅然带领全家人上山，和战士们同生死，共患难。她住窑洞、吃野菜、转山头，挨饿受冻，受尽磨难。但艰苦的生活没有动摇她的革命信念，她总说："死也不当亡国奴。"乔培玲上大青山的消息像一阵春风吹遍土默川、大青山一带，激起大批群众的抗日热情。

一次紧急转移时，正患病的乔培玲仍然坚持和同志们一起行进在崎岖的山路上。年近六十的小脚老太太拒绝战士的搀扶，拄着一根树棍，脚疼得实在难以行走时就跪着走，遇到陡坡上不去就爬着上，硬是拼着命和部队一起到达目的地。她的精神和行为激励了所有人。

乔培玲长子王培玉是萨县抗日民主政府的保管员，为伤员购买药品时不幸遭遇日军中弹牺牲；三儿子王如玉参加了八路军，在战争中失踪；孙女王友梅是萨县抗日武装唯一的女干部，年仅19岁病故去世。组织上怕老太太受不住打击，统一口径隐瞒，可她心里什么都明白。为了不影响战士们的情绪，为了抗日战争的早日胜利，她硬是把眼泪往肚里咽。她对战士们像对自己的亲儿子那样体贴入微，经常给他们拆洗缝补被褥、衣服。她还经常越岭采药，护理伤员，足迹遍布大青山地区的山山水水、坡坡岭岭。巍巍青山铭记着她的丰功伟绩，滔滔黄河传颂着她的革命故事。

革命思想高于天，理想信念之火一旦点燃就永远不会熄灭。中国还有千千万万这样的英雄母亲，她们舍小家为大家，顽强的革命精神激励着一代又一代中华儿女。我们要继承先辈的遗志，顽强拼搏，将伟大的革命精神薪火相传、血脉永续。

敕勒歌

敕勒川博物馆　张雅舒

　　"敕勒川，阴山下，天似穹庐，笼盖四野。天苍苍，野茫茫，风吹草低见牛羊。"相信大家在听到"敕勒歌"这三个字时，生动的画面就已经跃然于脑海之中了。《敕勒歌》是一首歌唱家乡的歌，歌中唱到的敕勒川便是我的故乡。很多人对《敕勒歌》仅仅停留在耳熟能详、随口吟咏、以慰乡愁的层面，至于它的背景内涵，为什么能成为传诵千古的经典之作，却并没有进行过深入的思考。那么今天就让我带大家一起去探究它动人心魄的魅力所在。（彩图三）

　　《敕勒歌》从诞生之日起就一直引得人们的注目和推崇，其最早出现在《北齐书》中，《北史》《乐府诗集》《资治通鉴》都有对《敕勒歌》的记载。至于元明清的古诗辑录，几乎没有不选此歌的。研究《敕勒歌》的甚至不乏日本、韩国等国的学者。毛泽东同志曾亲笔书写《敕勒歌》，原件藏于庐山卢林一号别墅毛泽东旧居，水印拓件作品现展示于敕勒川博物馆三楼序厅。习近平总书记在参加十三届全国人大二次会议内蒙古代表团审议时也讲到，南北朝名歌《敕勒歌》描绘了内蒙古优美的生态环境。

　　《敕勒歌》是一首心灵之歌。从字面上看，《敕勒歌》似乎没有写人，可诗中的天、地和牛、羊，展现的是敕勒人的独特视角，折射的是游牧民族的情感世界，反映的是游牧民族对天地的敬畏、对草原牛羊的爱恋，还有他们心怀天下、豪迈奔放的神采气质。"天似穹庐，笼盖四野"，不是把穹庐比作天，而是把天比作穹庐。天空再辽阔、再高远，也不过是牧人的毡帐，这是多么宏大的气魄和胸襟！

《敕勒歌》也是一首乡愁之歌。据说东魏权臣高欢攻打西魏玉壁惨遭大败，忧虑成疾，军中谣传其中箭将死，于是他勉强坐帐以安慰将士，命斛律金吟唱《敕勒歌》，自己则击节和之。歌声唤起了敕勒川将士们的乡愁，包括高欢在内的全体将士泪如雨下、群情激奋。回望历史，这是多么慷慨悲壮的场景。《敕勒歌》直抵心灵、摄人心魄，拿现在话说，就是一首"走心"的歌。

《敕勒歌》从敕勒语转译为鲜卑语，之后又从鲜卑语译为汉语，是经过了两重翻译流传下来的，是民族融合之作，是胡汉各族共同演绎的团结、统一、和谐、相融之歌。"一代文宗"元好问曾写过一首评论《敕勒歌》的诗："慷慨歌谣绝不传，穹庐一曲本天然。中州万古英雄气，也到阴山敕勒川。"《敕勒歌》是一首有文化力量的歌。走进《敕勒歌》，走进这寄寓乡愁的心灵之歌，这悠扬浩荡的草原之风，这震古烁今的不朽之作，让我们领略到了中国古典诗词的简约之美，领略到了北方少数民族文学的粗犷之美，领略到了民族融合文化气象的和谐之美。这种美，有如草原浓香的奶茶，有如毡房袅袅的炊烟，有如马头琴激昂婉转的乐曲，世代流淌在人们的心底。

曾有一篇文章说，写在纸上的文字，时间长了会发黄，藏在图书馆里也可能有落尘和虫蛀，但写到人心里面的文字是永远不会磨灭的。我想《敕勒歌》就是这样，它刻印在人们的记忆里，一代代被人们所传承、传唱，所记取、仰望。

习近平总书记曾说过，"我们辽阔的疆域是各民族共同开拓的"，"我们悠久的历史是各民族共同书写的"，"我们灿烂的文化是各民族共同创造的"，"我们伟大的精神是各民族共同培育的"。如今的敕勒川车水马龙，跟随时代滚滚向前，继续演绎着各民族交往、交流、交融的千古佳话。

清代彩绘木雕蒙古象棋

包头博物馆 牧其尔

　　"男儿三艺"是蒙古族强身健体、增强战斗力的一种传统体育游戏，是大草原给予蒙古族人民的智慧与勇气、力量与信念、矫健与洒脱！如果说摔跤、赛马、射箭项目是蒙古族男儿力量与勇气的角逐，那么蒙古象棋则体现的则是思维与智慧的博弈。

　　蒙古象棋是蒙古族由来已久的传统体育游戏。作为娱乐活动，它简单易学，人人皆宜。蒙古象棋对弈方法细腻，战局起伏变化较大，想要取胜需有顽强的斗志和足够的耐心。

　　在包头博物馆展出着这样一件融入了蒙古族悠久的历史文化和民族特色的彩绘木雕蒙古象棋。这件文物高46厘米，棋盘绘制在木桌上。棋盘长65.4厘米、宽44厘米，由外围绘制的花叶、果实纹饰以及黑白颜色相间的64个小方格组成。棋盘上摆放着32颗棋子，对弈双方都有一王、一狮、双驼、双马、双车及前排的8个士兵。（彩图八）

　　据专家考证，蒙古象棋和国际象棋同出一源，都是从古印度的四人游戏"恰图兰卡"演变而来。13世纪，随着横跨欧亚大陆的大蒙古国的建立，蒙古象棋也随之传入欧洲的多个国家和地区，对国际象棋的形成产生了重要影响。如今，蒙古象棋与国际象棋的游戏规则趋于一致，但在蒙古象棋中依然保留了浓郁的民族特色和草原游牧生活的影子。

　　蒙古象棋中的马无别足的限制，可以畅通无阻地在棋盘上驰骋。在游戏过程中，马可以围困王，但不得将死对方的王，这源于蒙古族将马当作挚友、视如安达的传统。

蒙古象棋对弈过程中，不得将对方"赶尽杀绝"，吃尽对方的棋子。这一禁忌体现了蒙古族对孤儿的怜悯之心。

蒙古象棋开局第一步需先挪动双方的王前兵，两方的兵相会蕴藏了蒙古族互相尊重、问候之礼。棋子中威力最小的是士兵，需要别的棋子保护才能平安前行。但如果兵能到达对方阵营的最后一排，再走一步就可以变成车，走三步即可晋升成狮子，体现了小小士兵通过不断的努力变成大将的奋斗精神。

蒙古象棋可以说是"横刀立马棋盘上，纵横捭阖在心中"。它是集民族性、竞技性、艺术性为一体的娱乐活动。棋盘上的千变万化考验着蒙古族的智慧和勇气，而将这份珍贵的文化遗产保留、传承、弘扬是我们这一代人的责任与使命。近年来随着非物质文化遗产保护工作的开展，蒙古象棋作为中华民族优秀文化遗产中的一员，在2008年被列入国家级非物质文化遗产保护名录。

包头发现的这件清代彩绘木雕蒙古象棋，不仅表明当时包头已经与其他地区有了密切的文化交流，还反映了各民族之间的大融合。"中华民族在形成和发展的历程中不断整合，由多元到一体、由交往交流到交融、由松散到紧密，最终形成你中有我、我中有你、谁也离不开谁的格局。"

叁

呼伦贝尔市

百年吊桥

扎兰屯博物馆 张琪

19世纪末20世纪初，沙皇俄国为攫取中国东北资源，巧取豪夺地修建了中东铁路。在这条西起满洲里、东至绥芬河、南到大连的漫长铁路线上，有一个风光秀丽、气候宜人的地方——扎兰屯。当时，中东铁路上层管理人员看中了扎兰屯，把这里辟为避暑疗养的胜地，大批俄国人及铁路相关人员蜂拥而来，扎兰屯这个小城可说是因路而生、因路而兴。

中东铁路当局将扎兰屯定为八个重要三级站之一，为了长久居住的侵略目的，1903年铁路通车前后，他们在这里修建了一大批俄式住宅以及教堂、医院、学校、商场、俱乐部、避暑旅馆和休闲度假游乐设施等。其中最具标志性的建筑是日光浴场，它的主体就是我身后浮雕作品中展示的吊桥。

这座吊桥建于1905年，迄今已有115年历史，2013年被国务院公布为全国重点文物保护单位。让我们一起来揭开它神秘的面纱。

吊桥如长虹卧波，横跨在清澈见底的雅鲁河支流之上。整个桥体分为两个部分，东侧是悬索桥，西侧是桁桥，两桥风格各异，统称为吊桥。（彩图一：2）

大家看到的悬索桥，桥长47.9米、宽4.1米。两根巨大的铁索高悬于空中，从四尊高大的石柱顶端孔口穿过，牢牢系在深插于地的铁环上。铁索中部呈弧形，上面系有42根细铁索，将一座乳白色雕花栏杆木板桥悬于碧波之上。

悬索桥紧紧相连的桁桥，是由12根钢筋和铁轨吊起的拱形桥，长25.3米。仔细观察还能找到铁轨的生产年份，这可是1900年的铁轨，距今也有120年了。

据考证，世界上此种类型且建成百年以上的吊桥仅剩扎兰屯这一座了。如今的吊桥擦掉历史的蒙尘，熠熠生辉，已经成为扎兰屯这座中国优秀旅游城市、国家级园林城市的重要标识，每天都有各地的游客前来一睹它的风采，可谓实现了历史文化与旅游产业的高位嫁接。

吊桥现在是全国重点文物保护单位，是扎兰屯市的重要地标，如同一颗璀璨的明珠镶嵌在祖国北疆的绿树丛中。本地许多特色商品都以吊桥作为商标。吊桥也是摄影爱好者百拍不厌的景观，四季风光有巧工难绘之妙，天然景色有观赏不尽之美。

"如此风光真是画，不需粉墨写鲛销。"著名历史学家翦伯赞先生1961年游览吊桥时吟出了千古绝唱。

"雅鲁河畔扎兰屯，几派清流拥水村。铁索悬空新瀑急，吊桥桥上忆长征。"叶剑英元帅1962年8月踏上吊桥时触景生情吟诵出的这首诗，展现了老一辈无产阶级革命家的博大情怀。

我们曾认为文物只是被观赏和研究的对象，但其实它们都有丰富的生命历程，是历史留下的印记！

一览百年吊桥容芳，重温悠久历史铭志。

鄂伦春族非物质文化遗产

鄂伦春民族博物馆 张颖

如诗如画兴安岭，多姿多彩鄂伦春！勤劳、勇敢、智慧的鄂伦春人创造了灿烂的非物质文化。

作为中华民族大家庭中的一员，鄂伦春族世代生活在桦树丛生的大小兴安岭。桦树为鄂伦春族提供了最为原始的生产生活资料，白桦树更被鄂伦春族誉为"婀娜多姿的少女"。鄂伦春族日常生活中所用的碗、盆、桶、篓等都是由桦树皮制作而成。那么大家想不想知道桦皮制品的奥秘呢？现在就让我带您一起来了解一下吧！

据文献记载，桦皮文化距今已经有3000多年的历史了。每年的五六月份最适宜剥桦树皮，此时桦树皮的水分最充足。剥下桦树皮后，将里外凹凸不平的部分剥掉，只剩中间的薄皮，再放在锅里蒸煮，晒干后就能保持柔软，不易折断。把加工好的桦树皮一张一张的用兽筋线缝合起来，桦树皮制品就呈现在我们眼前啦！这些桦皮制品最大的特点是什么呢？拿在手中我们可以感受到，它非常轻便，而且结实耐用、防水隔潮。鄂伦春族日常生活中少不了这些桦皮制品，像桦皮碗可以盛水，桦皮盒可以作为嫁妆，桦皮桶、桦皮篓等则可以盛装野菜和野果，柳蒿芽、山芹菜、山丁子、稠李子、烟叶、奶粉等都可以盛装，用途非常广泛。您有没有观察到桦皮制品上有一些凹凸不平的花纹图案呢？为了美观，鄂伦春妇女会在桦皮制品上精心雕刻一些花纹图案，以水波纹、云卷纹、花草纹、回形纹等为主，再使用植物的浆液涂以颜色。心灵手巧的鄂伦春妇女还会把这些花纹图案刺绣到兽皮服饰和斜包、挎包上。鄂伦春女子狍皮长袍最大的特点是在两侧开衩，开衩处绣有精美的花纹图案；而男子的则是在前后开衩，适于骑马奔跃等狩猎活动。冬季穿皮厚毛长的狍皮大衣，夏季穿皮板制作的狍皮衣，鄂伦春人一年四季就穿着这样与众不同的服饰。鄂伦春族的桦树皮制作技艺和兽皮制作技艺都已经被列入了国家级非物质文化遗产名录。（彩图六：1）

非物质文化是鄂伦春族历史发展的见证，是镌刻着鄂伦春族历史光芒的活化石。希望通过我今天的讲解，能让您了解鄂伦春，走进鄂伦春。期待越来越多的有志之士加入保护传承鄂伦春族传统文化的行列，让这些历史瑰宝绽放光彩，惠及子孙后代！

红色之子在扎兰

扎兰屯博物馆　张琪

大家都知道，乌兰夫同志是久经考验的共产主义战士、党和国家优秀的领导人、杰出的无产阶级革命家、卓越的民族工作领导人，他把毕生精力献给了中国人民的解放事业和社会主义建设事业，为民族团结复兴和祖国统一繁荣建立了卓越功勋。那么乌兰夫同志又是如何与扎兰屯小城结下不解之缘的呢？今天，我就要带大家一起去寻找答案。

1948年3～6月，时任内蒙古共产党工作委员会书记、内蒙古自治政府主席、内蒙古军区司令员兼政委的乌兰夫同志来到扎兰屯，静心总结自治政府成立以来的工作情况，统筹谋划牧区民主改革的方向政策和内蒙古建设发展的蓝图。当时扎兰屯还是纳文慕仁盟政府的所在地。

乌兰夫同志在扎兰屯工作和生活的地方就是我们面前的这座小楼。据党史专家介绍，乌兰夫同志在这里全面部署指挥了基层党组织建设、人民军队建设、人民政权建设，以及支援前线、清剿土匪、发展生产等诸多工作，同时酝酿了内蒙古牧区民主改革"三不两利"政策的思想构建，这是具有历史性的重大贡献。

1948年6月24日，内蒙古共产党工委会议在扎兰屯纳文中学的大礼堂召开，由时任内蒙古共产党工委秘书长王铎同志主持。乌兰夫同志在会上发表讲话，总结了牧区改革的经验和教训，明确了推动牧区民主改革工作的指导方针，也就是"三不两利"政策，为随后在哈尔滨召开的内蒙古党工委旗县以上干部会议打下了坚实基础。王铎同志在《五十春秋》一书中回忆了这次会议的情况，其记述让人感慨万千。可以说，正是因为乌兰夫同志的高瞻远瞩，才有了内蒙古今天的繁荣与稳定；正是因为乌老的关心与指导，才有了今天绿色崛起、高质量发展的扎兰屯市。

乌兰夫同志一直关注关心着扎兰屯的发展进步。1960年9月下旬，在结束了对满洲里、海拉尔视察的返程途中，乌老专门在扎兰屯住了一晚，他兴致勃勃地参观游览，对扎兰屯的自然美景和发展成就赞叹不已。1961年夏天，乌老邀请国内著名学者、作家、艺术家等组成的内蒙古文化参观访问团踏访扎兰屯，叶圣陶、老舍等在扎兰屯写下了许多诗词、散文、游记。特别是老舍先生即景生情的"诗情未尽在苏杭，幽绝扎兰天一方"，让扎兰屯很快成为名闻遐迩的"塞外苏杭"。

如今，扎兰屯市乌兰夫同志办公旧址纪念馆不仅承载了他老人家在扎兰屯工作期间的点点滴滴，还是扎兰屯市重要的红色旅游景点，并作为呼伦贝尔市党员干部教育培训基地，被列为满洲里国门党建学院现场教学点。2019年，扎兰屯市委充分挖掘这一红色资源，开发了情景剧式党课《红色之子在扎兰》。纪念馆与情景剧相映生辉，再现了乌兰夫同志与扎兰屯的故事。

千年故城 草原遗珍——黑山头古城

呼伦贝尔博物院 席斯日古楞

呼伦贝尔草原是民族融合的大熔炉，自古以来各民族在这里相互交流、相互融合，共同创造了美好的家园。今天，就让我通过黑山头古城来向您讲述呼伦贝尔悠久的历史吧。

黑山头古城位于呼伦贝尔市额尔古纳市黑山头镇古城子村，地处根河与得尔布尔河注入额尔古纳河的东部台地上，背山面水，南临根河，北依得尔布尔河。这里是大兴安岭山地与呼伦贝尔草原交接之处，是进出草原的咽喉，也是游牧民族休养生息的理想之地。

黑山头古城分内外两城。外城呈方形，周长2346米，四边城墙长度不等，城墙残高一般为2～3米，最高处达4米以上。城墙拐角处有高大的角楼凸出于墙垣之处。外城西门北侧有内方外圆的祭天祭祖遗址。内城位于外城中间偏西北部，呈长方形，周长560米。内城中间偏北有大型宫殿遗址一处，整个建筑呈"干"字形，建筑居址内花岗岩圆柱形柱础排列有序，间距4米。遗址中黄绿琉璃瓦片、青砖残片俯拾皆是，出土有造型精美、色泽鲜艳的龙纹瓦当等建筑饰件。（彩图二：1）

综合前人调查与研究成果，结合史料记载，黑山头古城是成吉思汗大弟拙赤哈撒儿及其后人封地的主要城池之一。古城对研究蒙古汗国时期至元代早期历史、政治、经济，尤其是蒙古族城市建筑文化具有重要的学术价值。

虽然凝结了祖先非凡智慧、历经千年沧桑的黑山头古城早已成为历史遗迹，隐没于茫茫草原之中，但其作为先人留下的宝贵文化遗产，已然化作各族人民携手实现中华民族伟大复兴中国梦的不竭动力之源，激励着我们不断砥砺前行。在此，期待您走进呼伦贝尔大草原，亲身感受黑山头古城带给您的心灵震撼。

脱贫攻坚展示馆里的感人故事

扎兰屯博物馆　钱琨

大家好，欢迎参观扎兰屯市脱贫攻坚展示馆。展馆的主题是"全面小康路上一个都不能少"，这既是习近平总书记的嘱托与牵挂，也是党和政府义不容辞的责任。扎兰屯市发扬钉钉子精神，下足绣花功夫，全面打赢脱贫攻坚战，如期向党和人民交上了一份分量十足的脱贫答卷。

由于时间关系，我不能向您一一介绍决战历程和喜人成果，今天我们就先来分享一些这里的感人故事。

这是成吉思汗镇繁荣村的第一书记辛芃伯。脱贫攻坚战打响以来，他被选派到这个面积最大、贫困户最多的村。辛芃伯一心扑在扶贫事业上，想办法、定思路、找项目、谋发展，带领321户村民走上了脱贫致富之路。短短的4年，乡亲们已把他当成了亲人。贫困户村民说："在辛书记的帮助下，我们不仅脱贫了，还改变了生活，实现奔小康的愿望也不远了。"一位大嫂含着泪说："辛书记可没少帮俺们，俺们知足了。"辛书记说："只有心里装着老百姓，老百姓才会把我们当亲人。"百姓心中有杆秤，能称出天地的分量，称出人心的分量。

4年来，辛芃伯吃住在村里，几乎顾不上家。他的妻子也是驻村工作队的队员，当时只能将3岁的女儿托付给岳父、岳母照顾。现在女儿7岁了，经常问："爸爸，你和妈妈什么时候回来，你们是不是不要我了？"听女儿这么说，他和妻子心里都酸酸的。这期间，岳父两次心脏手术、岳母两次乳腺癌手术以及女儿生病，他都无法陪在身边。在乡下，他没有向组织请过一次假，心里装的是村里的大事小情，虽然为不能尽孝、尽父亲的职责愧疚，但也为让繁荣村300多户贫困户全部脱贫而自豪。

扎兰屯市精准扶贫既走因地制宜的"老路"，也穿创新谋变的"新鞋"，电商扶贫是一大创举。而提到电商扶贫，就不得不提起张大妈和她的"一把木耳"。

20年前，张大妈的大儿子为救落水儿童献出了23岁的生命，张大妈的老伴因此一病不起，常年住院。9年前，二儿子在外打工发生意外，严重残疾，全家的重担落在了张大妈一人身上。2014年，张大妈借钱在村里第一个种起黑木耳，不仅还清了外债，还挣了9000元。2015年，扶贫部门众筹12万元，帮张大妈建起两个大棚一个凉棚，当年挂袋2万菌棒，净收入3万元，一举脱贫。此后张大妈又说服并带领十几个贫困的姐妹一起种木耳，80%的产品通过网络销售，很快都实现了脱贫致富。农业部也将"张大妈与一把木耳"作为"双创"100个典型案例在全国推广。还有张大妈的二儿子刘振义，在母亲的感召下，身有残疾的他成立合作社带动50个贫困户种植黑木耳。2019年，刘振义作为内蒙古唯一代表参加了全国残疾人脱贫先进典型事迹报告会，他身残志坚、自强不息，不肯向命运低头的奋斗故事被各级媒体纷纷报道。母子两人都是新时代的模范代表。

幸福是奋斗出来的。扎兰屯市将继续策马扬鞭，写好脱贫攻坚的续篇，在乡村振兴和决胜全面小康这份大考卷上描绘别样的精彩！

拓跋鲜卑　旧墟石室——嘎仙洞遗址

呼伦贝尔博物院　席斯日古楞

　　嘎仙洞遗址位于鄂伦春自治旗阿里河镇西北山谷之中，地处大兴安岭北段顶峰之东麓，属于嫩江支流甘河的北岸。这一带林海苍茫，峰峦层叠，古木参天，松桦蔽日。在离地面25米的半山腰有一个硕大的山洞，这就是被《魏书》称为"拓跋鲜卑旧墟石室"或"石室""石庙"的嘎仙洞。（彩图二：2）

　　"拓跋鲜卑旧墟石室"最早见于《魏书》，但是石室位置究在何处？中外学者屡有考证，诸说纷纭，争论不休。原呼伦贝尔盟文物站站长米文平等经过多次实地考察，于1980年在嘎仙洞内发现了北魏太平真君四年"祝文"刻辞。这与《魏书》记载乌洛侯国遣使"称其国西北有国家先帝旧墟，石室南北九十步，东西四十步，高七十尺"，北魏太武帝拓跋焘派中书侍郎李敞去祭祀，并"刊祝文于室之壁而还"的记载基本相符。

　　嘎仙洞本为天然花岗岩山洞。洞口略呈三角形，宽约20米，高12米，方向为南偏西30°。洞内南北长92米、东西宽27～28米，穹顶高20余米，宏伟如大厅，面积约2000平方米，可容纳千人。洞内大部分地面较为平坦，可分为前厅、大厅、高厅、后厅四个部分，洞内地势从前往后逐渐抬高。前厅西侧距洞口15米的石壁上有太平真君四年"祝文"刻辞。石刻距地面约1.5米，通高0.7米，宽1.2米。刻辞为竖行，共19行，全文共201字。刻文为汉字魏书，隶意犹浓。"祝文"刻辞的发现证实了嘎仙洞即鲜卑族祖先居住的

"旧墟石室"。

鲜卑石室的"祝文"刻辞是1500多年前保留下来的"原始档案",是确切纪年并见于文献记载的古代北方民族重要遗迹。北魏"旧墟"的发现,不仅结束了史学界长期以来对拓跋鲜卑发源地和大鲜卑山方位的争论,而且对补典籍之缺,订史传之非,进一步研究我国北方民族的历史、文化、地理等具有重要价值。

中国自古以来就是多民族国家,各民族在漫长的历史进程中相互学习,相互依存,相互碰撞,相互融合,铸就了今天的中华民族共同体。拓跋鲜卑作为中国北方民族,深受汉文化的熏习濡染,是中国历史上第一个建立政权并入主中原统一北方地区的游牧民族。鲜卑入主中原,带来了质朴纯真的新鲜气息,为中原文化进行整合提供了营养,使中原文化焕发出新的生机。民族融合是中华文明绵延不绝、延续至今的根脉所在。文明因交流而多彩,文明因互鉴而丰富,中国历史是一幅多种文化不断交流、多个民族互赏互鉴的多彩画卷。

拓跋鲜卑历史文化

鄂伦春民族博物馆　张颖

　　欢迎您来到神奇美丽的鄂伦春旗，这里不仅是被誉为"兴安岭王者"的鄂伦春族世代生活的热土，更是建立北魏王朝、问鼎中原、缔造一代传奇的拓跋鲜卑的发祥地。它有着怎样灿烂的历史文化呢？现在就让我们一起走进北魏先祖石室——嘎仙洞遗址。

　　拓跋鲜卑是中国历史上第一个入主中原并建立封建王朝的北方游牧民族。据《魏书·序记》记载，其"国有大鲜卑山，因以为号。其后，世为君长，统幽都之北，广漠之野，畜牧迁徙，射猎为业"。也就是说，拓跋鲜卑早期就生活在大鲜卑山，也就是今天嘎仙洞所在地区。

　　被世人誉为"北国第一洞"的国家重点文物保护单位嘎仙洞遗址，位于大兴安岭北段顶巅之东麓，距内蒙古自治区鄂伦春自治旗阿里河镇西北10公里。嘎仙洞为天然洞穴，坐落在一道高达百米的花岗岩峭壁之上，坐北朝南，洞口距地面25米。洞口略呈三角形，洞内南北长92米、东西宽27米，宽敞宏伟如大厅，总面积2000多平方米，可容纳数千人。嘎仙洞是第四纪冰川运动所形成的我国最大的基岩洞。

　　1980年7月30日，呼伦贝尔文物考古工作者米文平先生在嘎仙洞西侧石壁上发现了北魏太平真君四年石刻祝文，即南北朝时期北魏太武帝拓跋焘派大臣李敞祭祖时所刻的祝文，距今已有1500多年的历史。祝文为魏碑汉字，字形古朴苍劲，共201字，有19竖行，每行12字至16字不等，通高70厘米、宽120厘米。整篇祝文以拓跋焘的口吻所撰，表达了对祖先的怀念和敬仰之情。

嘎仙洞石刻是一部"原始的档案"，对研究中国疆域史、发展史具有重要的学术价值。1988年1月，嘎仙洞遗址被公布为全国重点文物保护单位。

那么，您想了解一下拓跋鲜卑是怎样南迁的吗？现在就让我带您走一走南迁路线吧！拓跋鲜卑在公元200年前后生活在大兴安岭嘎仙洞一带，之后南迁到大泽，即今天的呼伦湖，随后经南阳家营子、二兰虎沟，于公元258年定都盛乐，公元398年迁都平城，公元494年迁都洛阳。可以想见，拓跋鲜卑的三次南迁应是艰难重重。

拓跋鲜卑此后渐渐融入中华民族大家庭，促进了华夏文明的多元化。

肆

兴安盟

元景德镇窑卵白釉堆花五彩描金花卉纹高足杯

兴安盟博物馆　邢莹

　　在兴安盟博物馆展厅内，有一件明星文物——元代景德镇窑卵白釉堆花五彩描金花卉纹高足杯。（彩图一三：1）

　　它究竟身世如何，为何能成为众多馆藏文物中的佼佼者？1992年初春，在兴安盟乌兰浩特市市郊发现了一处元代窖藏，窖藏内的这件高足杯从长眠中悠悠转醒。岁月腐朽了窖藏，模糊了窖藏主人的身份，但是这件高足杯却被保存得十分完好。这也是我国第一件有明确出土地点的卵白釉堆花瓷器，1994年被国家文物局专家组定为国家一级文物。

　　卵白釉瓷是我国元代景德镇窑创烧的瓷器品种，因其釉色近似鸭蛋壳的颜色而得名，又因其一种折腰小碗内壁印有"枢府"二字亦称枢府瓷。枢府瓷是元代最高军事机构"枢密院"在景德镇窑定烧的高档瓷器，在当时极负盛名。所以这件高足杯很有可能为宫廷所用。

　　都说"元卵白釉瓷胎体厚重，釉乳浊失透"。我们细细观察这件高足杯，不仅胎轻釉薄，还迎光即可透视，像这种薄胎的卵白釉瓷是极为少见的。

　　这件高足杯器形优美端庄，高13厘米、口径11厘米、底径6厘米，撇口、弧腹，下接竹节状柄，柄部上收下展，与元代常见的金杯形制相近。其内口沿均匀分布着4朵栀子花；下腹部及杯心处有一朵叶大花小的牡丹，枝繁叶茂；外腹部同样以牡丹为纹饰。所谓"唯有牡丹真国色，花开时节动京城"，杯中的牡丹穿越千百年，虽已留下岁月的痕迹，但仍能感受到其艳丽。

不知大家是否发现，杯中的牡丹纹饰高出了瓷器表面，这是由于它采用了极为特殊的装饰工艺——沥粉法。即首先在瓷器胎体上勾勒出花纹的轮廓，然后贴金箔、银箔、上色等，再二次入窑低温烧造，便可呈现出色彩艳丽的立体花纹。元代瓷器使用的沥粉法其实有点像现在的"奶油裱画蛋糕"工艺，就是把沥粉的原料放置在漏斗状的布袋中，在瓷器上作画。沥粉描金瓷的创烧让中国瓷器装饰工艺发生了重大变革。

这件卵白釉堆花五彩描金花卉纹高足杯是我国元代瓷器的典范。凝望它，高足杯体态端庄，如白玉般的光泽温润柔和；俯视它，杯中牡丹雍容娇艳，仿佛在杯底静静绽放。它诞生于元朝，曾沉眠于地下，如今就这样静立在我们面前，诉说着祖国北疆被封存的历史记忆和我国制瓷业的灿烂与辉煌。

这件高足杯工艺精湛、造型优美，是大国工匠智慧的结晶，更是多民族交融共进的产物。几千年来中华文化的精髓已经深深渗透在中华民族的血液当中，成为我们文化自信的根和魂。

探秘元代天字拾二号夜巡铜牌

兴安盟博物馆　邢莹

今天邀请大家一同探秘一件出土于兴安盟科尔沁右翼中旗的国家一级文物——元代天字拾二号夜巡铜牌。

大兴安岭南麓，莺飞草长的科尔沁草原腹地，枫林与草原共苍茫一色，山川与河流点缀其间，这里不仅拥有着风光旖旎的自然景色，更留下了千百年的历史印记。1985年初春，兴安盟科尔沁右翼中旗色音花艾里的一位牧民骑马去自家草场，途中他感觉马蹄碰到了什么东西，便跳下马背将露出一角的金属器物从草地里拽了出来，发现竟是一面有着奇怪文字的金属牌。他想这么稀奇的东西一定是文物，得交给国家，于是便把它交到了当地的文物管理所。这面掩埋于岁月和泥土里的金属牌就这样与世人见面了。

牌为铜制，高16.3厘米、厚0.6厘米，重725克，主体呈圆形。它的出现引起了国内外诸多学者的关注：什么时代？文字为何意？有什么功用？随着研究成果的陆续发表，谜底也终于解开。铜牌上共六种文字，是迄今为止国内外发现的牌符中使用文字种类最多的一块，所反映的历史信息非常丰富。

铜牌双面铸有纹饰及文字。由云气纹组成覆荷状牌顶，上部有一穿孔，内穿有悬挂用的铁环；顶和牌相交处有阁楼纹样。牌面文字布局合理，正反两面均分为三区，正面为汉字和藏文，背面从左到右依次是回鹘式蒙古文、八思巴蒙古文、波斯文。而在牌顶正反两面都有梵文的"嗡"字。牌面上除汉字和梵文以外的其他四种文字，均是"夜巡牌"的意思。

牌中央的楷书"元"字代表元朝国号。1271年，忽必烈建国号"大元"，取自我国儒家经典《易经》中的"大哉乾元"。"元"字居中，周围围绕其他文字，反映出当时多民族聚集融合的历史状况。史料记载，元朝的统一给各族人民互相学习和交往提供了有利环境。在元朝广阔的疆域内，多民族融合共生，民族差异逐渐缩小，民族融合空前加强。

牌面右侧的"天字拾二号"是夜巡牌的编号。我国南北朝时期出现了一篇合辙押韵、朗朗上口的启蒙读物《千字文》："天地玄黄，宇宙洪荒。日月盈昃，辰宿列张。寒来暑往，秋收冬藏……"该铜牌的编号就是用了《千字文》中的第一个"天"字。根据"元"字和"天字拾二号"推断，这是元朝颁制的第十二面圆形夜巡铜牌。

元代牌符大致可分为身份牌、令牌和驿牌三种，这面夜巡铜牌属于身份牌。元代大多数城池实行宵禁制度，官员手持夜巡铜牌必定是执行紧急公务，所以无论多晚都要予以放行。夜巡牌就是夜巡官员的身份证明。岁月流转，时代更迭，如今我们已无从知晓它解决过多少紧急公务，也不知它为多少官员所用过。

遗落在科尔沁草原的这面夜巡铜牌是各民族融合的见证。文物承载灿烂文明，让每一段历史可触碰，让每一段文明有回音。文物蕴含的文化精髓和深刻内涵，传承着中华民族优秀传统文化，构筑了中华民族共有精神家园，形成了各民族人心归聚、精神相依、团结奋进的强大精神纽带，始终牵引着我们去追寻、去传承。

辽八蝶纹铜镜

兴安盟博物馆　王倩

蝴蝶是一种古老的昆虫。汉代许慎的《说文解字》称："本作蛱，蛱蜨也。俗作蝶。"明代李时珍的《本草纲目·虫部》记载："蝶，蛾类也。大曰蝶，小曰蛾。"蝴蝶也是幸福和忠贞的象征，它们忠于情侣，一生只有一个伴侣。古人常将蝴蝶作为主要纹饰刻于铜镜之上，以此表达对美好爱情的向往。蝴蝶纹饰在唐代铜镜上就出现过，但还只是作为辅助的纹饰，到了辽宋时期，蝴蝶纹饰作为主题纹饰出现了，并且刻画的更加真实。

今天我要向大家介绍的这件精美器物，就是以蝶为主要纹饰的辽八碟纹铜镜。

辽八蝶纹铜镜为国家一级文物，1991年出土于代钦塔拉三号辽墓，出土时用铁条悬挂于木制棺床小帐中。铜镜直径33厘米、缘厚0.7厘米、宽2.1厘米，镜泛银光，光可鉴人。素缘凸起，缘部雕磨痕迹清晰。纹饰被细小的联珠纹所围成的正方形分为三区，正方形的四个角顶于镜缘内侧。近缘处是一周小联珠纹，外区满布龟背锦。中区，方形联珠纹内是两条平行弦纹围成的正方形，弦纹内饰乳丁纹，向内是较外侧宽的双弦纹，内部间置朵云纹和涡旋纹，两种纹饰又以三条短弦纹相隔。内区，方形联珠纹的四角和中部划出联珠纹直线相交于纽座，将内区划分为八个等腰三角形，三角形内饰精细的蝴蝶纹。八只蝴蝶在八个三角形内两两相对，如展翅在花间。

代钦塔拉三号辽墓出土的这件铜镜，布局巧妙，工艺精湛，蝴蝶刻画得栩栩如生。在布局上，利用细小的联珠纹，使纹饰密而不繁、满而不乱。蝴蝶展翅形如倒置的三角，刚好填满三角形而丝毫不显拘谨。蝴蝶圆头，一对高复眼，喙管前伸呈圆圈状，两条细长的触角犹如水波般弯曲向两端伸展，圆滚滚的蛹状腹，腹纹以一条条横线来表示，就连背部的颈片、肩板和中胸、后胸等部位也用纤细的线纹形象表现了出来。在铸造的铜镜上能将小小的蝴蝶刻画得活灵活现，其技艺之娴熟、工艺之精湛，着实令人赞叹。

中国古代铜镜不仅仅是饰面容、正衣冠的日常生活用具，更有镇宅驱邪、追求圆满等功能。以蝴蝶为饰寓意大致有三：一是羡慕其逍遥自得，如庄子梦见自己变成蝴蝶，飘飘然道出了"道法自然"之精髓；二是用来诠释爱情，就像梁山伯与祝英台"身化彩蝶翩翩花丛来"，升华了他们凄美的爱情故事；三是以"蝶"之谐音来指长寿，如南宋时期将猫和蝴蝶放在一起，取其谐音"耄耋"来代指八九十岁的高寿老人。这面悬于棺床小帐中的八蝶纹铜镜体现了墓主人对爱情与长寿的期许和向往，期盼能够比翼双飞、相伴永相随。

梦蝶之逍遥，恋花之柔情，化蝶之凄美，耄耋之多寿......色彩斑斓的蝴蝶不仅以曼妙的舞姿飞入了我们古往今来的生活，还成了中华各民族文化交融的使者。"展开历史长卷，从赵武灵王胡服骑射，到北魏孝文帝汉化改革；从'洛阳家家学胡乐'到'万里羌人尽汉歌'；从边疆民族习用'上衣下裳'、'雅歌儒服'，到中原盛行'上衣下裤'、胡衣胡帽，以及今天随处可见的舞狮、胡琴、旗袍等，展现了各民族文化的互鉴融通。各族文化交相辉映，中华文化历久弥新，这是今天我们强大文化自信的根源。"

元景德镇窑青花龙纹高足杯

兴安盟博物馆　张薇

　　1992年春天，内蒙古乌兰浩特市义勒力特苏木西白音嘎查一座方形土城遗址的东侧，正在作业的推土机铲出来一口倒置的铜釜，就此发现一处元代窖藏，窖藏内共出土铜釜1件、玉器1件、瓷器9件。窖藏出土的三件景德镇窑瓷器目前在兴安盟博物馆作为镇馆三宝展出，其中一件精美的元青花瓷器因其纹饰而备受关注，它就是元景德镇窑青花龙纹高足杯。（彩图一三：2）

　　此杯高10.1厘米、口径10.7厘米、足径3.7厘米，杯口向外张开，壁向下逐渐内收，杯下连柄，柄部上窄下宽，底部空心。杯外壁绘有缠枝莲纹，莲花的花心和花瓣均有留白，而枝蔓和叶子都是一笔点画而成，笔触粗细、着色浓重掌握的恰到好处。碗心是一条赶珠龙，小头、细颈、鹿角，上吻部凸出，张嘴、露齿吐舌，表情凶恶，对面前的一条带焰小火珠作欲吞噬状。龙身绘有较为写实的鱼鳞片，尾部将火珠拦住，使小小的珠子被龙的嘴和尾部所困，看似完全在其掌握之中。

　　龙作为中国人心中的神物，古往今来就被尊奉崇拜。历代统治者自称"真龙天子"，权力至高无上。由于具有特殊象征意义，古代对龙纹的使用有着严格规定。据元史《舆服志》记载，五爪龙纹只能为皇帝使用，三爪、四爪龙纹也必须是贵族、亲王使用，一般人不得滥用。乌兰浩特出土的元代青花高足杯内绘三爪龙纹，流露出一种庄严的宫廷气息，昭示着这件元代窖藏器物绝非一般之物，在当时非常人所能拥有，实属宫廷典范、皇朝遗珍。

　　青花瓷是中国瓷器的主流品种之一，属釉下彩瓷，创烧于我国元代的景德镇窑。青花瓷是用含氧化钴的钴矿为原料在瓷胎上描绘纹饰，再罩上一层透明釉，经高温还原焰一次烧成。青料分为国产料和进口料。进口料又称苏麻离青，成色浓重鲜艳。这件高足杯器形优美，内外主体纹饰均采用进口料绘制，颜色纯正，绘画生动，布局合理。

　　青花瓷的魅力无法用语言描述，明明色彩单一，却有一种无法比拟的绚丽；明明清朗飘逸，却有一种温柔可融的意境。一笔笔的勾勒与描绘，赋予了素白瓷器鲜活的生命，浓抹淡施，粗细有致，美不可言。

　　这件景德镇窑青花龙纹高足杯生产于元代，那时各民族文化不断交融，各民族经济共同发展，共同构建了和谐进步的中华民族大家庭，促进了中华文化的繁荣发展。通过这件珍贵的文物，我们不仅见识到当时社会高超的手工艺生产水平，更能感受到当时各民族团结和睦、友好相处的社会氛围。欢迎大家走进兴安盟博物馆，近距离感受这件高足杯的魅力！

"红色之子" 乌兰夫

内蒙古民族解放纪念馆　刘璐

在中华民族解放的历史长河中有这样一位共产党员：他是久经考验的共产主义战士，是党和国家优秀的领导人，是杰出的无产阶级革命家、卓越的民族工作领导人，他的名字叫乌兰夫。

照片上的老人就是乌兰夫同志。1987年，以乌兰夫为团长、习仲勋为副团长的中央代表团参加了内蒙古自治区成立40周年庆祝活动，留下了这一珍贵瞬间。面带慈祥的微笑、目光中透出无限自豪和眷恋的乌兰夫同志，深情凝视着他奋斗过的内蒙古大草原和他挚爱的内蒙古各族人民！

悠悠远恩，赤情难忘。1923年10月，乌兰夫同志带着救国救民的理想离开了家乡土默川。两年后他前往苏联学习，寻求十月革命的真谛，临行前写下了充满豪情壮志的诗句："远渡寻真理，归来报国家。愿洒长弘血，赤遍我中华。"此后他根植群众，播撒红色火种，团结人民抗日，投身民族工作，建设模范自治区……如今重返大草原，站在内蒙古自治区成立40周年的庆祝会场，站在乡亲们中间，他无限欣慰，感慨万千！

回到阔别多年的故土，乌兰夫同志来到父母坟前，默默驻足了很久。当年乌兰夫同志从鄂尔多斯赴延安之前，父亲想要和他见上一面，可是老人家在黄河边苦苦等了好几天，却因情况紧急而未能相见。凝望着滔滔的黄河水，老人的心也在翻腾，他多想拉拉儿子的手啊……抗战胜利后，儿子就要回来了，可老父亲却因病永远离开了！自古忠孝两难全，我想这应该是乌兰夫同志心中永远的痛。

返程临行前，乌兰夫同志高声向乡亲们告别："再见，乡亲们，自治区成立50周年的时候，我一定再来看望乡亲们！"然而，洪音耳畔绕，未见故人来。1988年12月8日，乌兰夫同志在北京逝世，走完了他波澜壮阔的一生。乌兰夫同志是民族解放战争中的英雄，是民族团结工作的先驱者，他永远活在我们心中！

新时代的号角已经吹响，强国的巨轮已扬帆起航！让我们继续学习和传承乌兰夫同志的革命精神，在党的十九大精神指引下，立足本职工作，用好红色资源，讲好红色故事，传承红色基因，为实现中华民族伟大复兴的中国梦贡献力量！

火焰蓝　赤诚心

内蒙古民族解放纪念馆　刘璐

"战士从来踏鼓行，管他烈焰四飞横。骨同钢水浇天柱，魂与轻烟上纛旌。"有这样一支队伍，他们用青春和热血守护着95万公顷的原始森林，人均防火面积达16000多公顷！这里冬季漫长，最低气温零下58摄氏度，无霜期仅70天。冰雪是这里的常客，火焰是这里的劲敌。火情考验着他们对党的忠诚、对人民的挚爱！他们就是来自大兴安岭北部原始森林深处奇乾中队的战士们！

还记得2017年5月2日那场特大森林火灾吗？当时，原始森林密密麻麻的落叶松就像浇了汽油，沾火就着！三四米高的火墙横在山腰，火苗乱串！奇乾中队的战士们接到指令，以最快的速度奔赴火场，沿着火线追打火头！眉毛、头发烤焦了，管他呢！手上、脸上烫出了水泡，无所谓！嘴唇裂开了口子，鲜血就在唇边凝结了！火势越猛烈，他们的斗志就越强！没有一个人犹豫，没有一个人退缩！

5月4日下午，风向突变，风力超过8级，一人多高的火浪裹着火头向前跳跃，火线像蛇一样在林内快速游走！火险由点成面，强风带起树冠上的团团火球，飞速砸向了身后的草堂，瞬间引燃了附近的所有可燃物，情况十分危急。这时他们果断决定采取"顺风点烧，突破火线，乘势追击"的战法。这个战法虽然奏效快，但危险更大，如果不成功无异于引火自焚。二排长拿着点火器高喊："战士们，跟我冲啊！"一声令下，战士们将水枪里剩余的水全部浇在身上，背起风机，压着火线打，推着火浪移，20米、15米、10米、5米……烈火步步紧逼，炙热的火浪把他们的后背烤的锥心般刺痛！5米、10米、15米、20米……终于，两条火线迎头相撞，火墙不攻自破！但他们没有片刻休息，而是顺势追击下山火，在山脚处将火彻底扑灭！战士们相互拥抱着、呼喊着，泪水模糊了那一张张被烟熏黑的脸！

这，就是我们的森林卫士！这，就是我们的奇乾中队！

57年来，他们完成了1000多场森林火灾的扑救任务。57年栉风沐雨，57年披荆斩棘，他们就像深山里高大挺拔的落叶松，顽强生长着，默默奉献着。

承载使命浑不怕，冰火历练勇担当！

脱掉"橄榄绿"，换上"火焰蓝"，初心不改，使命更坚！如今，奇乾中队依然生活和战斗在那片林海。他们的精神被一批又一批新兵传承着，也深深感染和激励着我们！

用生命诠释职责担当——民警何建华的故事

内蒙古民族解放纪念馆　朱艳妮

　　每当灾难来临，总有逆行而上的身影。2020年春节前夕，一场突如其来的新冠肺炎疫情让我们的生活按下了暂停键。有这样一群人，他们不计报酬，不畏生死，有的冲锋在前、砥砺前行，有的坚守岗位、服务基层，兴安盟突泉县公安局育文派出所民警何建华就是他们当中的一员。2020年1月26日，何建华倒在了疫情防控第一线，将生命永远定格在了52岁。

　　那天一大早，突泉县育文派出所紧急安排部署，全力以赴到客运站执勤防控。突泉县没有机场，没有火车站，客运站是全县32万人民交通出行的主要通道，更是疫情防控的主战场。原本放假休息的何建华主动请缨，加入到疫情防控队伍。他对妻子说："虽然今天我休息，可是执勤地点客运站是我的辖区，情况我熟悉，我要顶上去，疫情当前我要上。"对于丈夫的这一举动，妻子早就习以为常，危难之时、爱民之处，何建华总会挺身而出，冲在前头。

　　上午9点，何建华带着两名辅警在客运站执勤，对进出站人员进行登记、消毒和体温检测。之后的几个小时，何建华开始和"头疼"做斗争，但他迟迟不肯放下手里的工作。四个多小时过去了，何建华始终驻守在寒冷的室外，连口热水都没顾得上喝。下午1点30分，何建华头疼难忍，在同事不停地催促下才从岗位撤下来，临走还不忘叮嘱："你们勤盯着点，我去吃药，一会儿就回来。"可是他一去再也没能回来。当晚9点，何建华因小脑出血医治无效因公殉职。

　　百姓们忘不了那个随叫随到的何警官。从警26年，何建华始终扎根基层、服务群众。多年来，他每天必做的就是走街串巷、入户家访，一个人一个人的关注、一件事一件事的解决，骑坏了一辆又一辆电动警务车；他率先在全县推行"1+1+X"的社区警务模式，有效化解了多起矛盾纠纷，辖区连续十年无重大刑事案件。

　　然而大家不知道的是，2002年一场意外的车祸让何建华的肾脏和脾脏受到了巨大损伤，也是从那时他的身体开始虚弱。公安局党委把他安排到局指挥中心工作，可没多久他便三番五次请求回到派出所，回到离群众最近的地方。何建华用生命诠释了"对党忠诚，服务人民，执法公正，纪律严明"的铮铮誓言！

　　2020年9月8日，全国抗击新冠肺炎疫情表彰大会在北京人民大会堂隆重举行，何建华被评为"全国抗击新冠肺炎疫情先进个人"。党和人民把最高礼遇给了新时代最可爱的人！

　　无愧于岗位，便是最长久的坚守；无愧于人民，便是最忠诚的警察。作为新时期的青年，我们要学习何建华牢记使命、人民至上的精神，为实现中华民族伟大复兴的中国梦，无私奉献，勇于担当！

草原开出团结花
——张策同志培养蒙古族年轻干部的感人故事

内蒙古民族解放纪念馆　　朱艳妮

　　说起内蒙古自治政府的成立，有这样一段"汉族老八路培养蒙古族年轻干部"的佳话。

　　1946年3月，嫩江省委委员、白城地委书记张策来到王爷庙街，根据中共西满分局决定，在西满军区驻王爷庙办事处的基础上成立中共东蒙工作委员会，张策任书记。为迅速打开工作局面，培养进步力量，团结那些思想进步、拥护中国共产党领导的优秀年轻人，张策同志和蒙古族青年睡一铺炕、盖一床被、吃一锅饭，相互之间亲密的像兄弟一般。

　　1946年初春的一个深夜，张策同志在办事处已休息了，突然听到哨兵在门口喊："什么人？"原来有一位年轻的蒙古族军官喝的酩酊大醉，横跨着马刀大喊着："我是自治军骑兵师的，我要见老八路！有些事我想不通，我得问清楚。"哨兵说："我们首长已经休息了，有事明天再来吧。"年轻军官道："我就要见老八路，你再不给我去找，我砸门了！"

　　张策同志披着衣服、打着手电筒出来，问哨兵："怎么回事？"哨兵说："是他非要往里闯。"张策同志忙说："开门。"哨兵打开大门，年轻军官勉强站稳身子，指着张策同志说："老八路，我不服，我就想找你理论理论。"张策同志说："那咱们进屋喝杯茶，你酒醒了，咱们再唠嗑，好不好？"

　　张策同志将年轻军官扶进屋，让他躺在火炕上，给他沏茶，让他喝水，就像一个大哥哥照顾一个任性的小弟弟一样。几杯浓茶之后，年轻人清醒了许多，他从炕上起来站到地上，盯着张策同志问："张同志，你说你们是来帮我们搞翻身、搞自治的，你这次给我们带来多少头牛、多少只羊啊？你带来多少钱，带来多少军队啊？什么时候接收我们王爷庙街啊？"张策同志笑着说："非常遗憾，我没有带来什么牛羊，包括银圆这样的硬通货。我是没有什么见面礼，但是我带来了新思想，带来了中国共产党的民族政策！眼下王爷庙街不缺我那几头牛啊、羊啊，缺的是民族解放和民族复兴的革命思想，缺的是我们共产党人解决民族问题的政治主张！送给你牛羊、粮食和银圆，那总是要吃完和用完的，而思想那是用不完的，不但用不完，还能创造出许许多多的物质条件，创造出一个富裕的王爷庙街。"

张策同志摆事实、讲道理、明是非，经过耐心细致、推心置腹的交流，年轻军官沉思了许久，抬起头说："老八路，我服了，我们缺的就是思想，缺的就是民族的出路，你说这些我服气，从今以后我跟定你了！"

一切为了群众，一切依靠群众。张策等老八路向老百姓敞开心扉，同心同德，团结了一大批思想进步的蒙古族年轻人，还提拔优秀的年轻干部到各旗县、各努图克担任主要领导职务，使王爷庙地区成为稳固的革命根据地，为内蒙古自治政府的成立创造了良好的政治环境。（彩图五：1）

73年波澜壮阔，如今内蒙古各族人民紧密团结在以习近平同志为核心的党中央周围，深入践行守望相助理念，不断发扬吃苦耐劳、一往无前的"蒙古马精神"，共同守卫祖国北疆这道亮丽的风景线。

伍

通辽市

北疆壮歌——染血的皮大衣

霍林郭勒市博物馆　于洋

霍林郭勒市位于内蒙古自治区东部，处于锡林郭勒盟、兴安盟和通辽市"两盟一市"交界处，总面积585平方公里，是一座因煤而建、缘煤而兴的城市。谈到这座煤城，要从1975年6月10日说起。当时正在医院进行治疗的周恩来总理看到了新华社内参《国内动态清样》上一篇题为《吉林省和内蒙古交界处发现大煤田》的重要消息，沉思了许久，在消息的空隙处作出重要批示："先念同志，此事如确，单靠吉林省动手太慢，规模太小，速度太缓，请查明，交计委议。"

1976年6月，根据煤矿建设需要，从当时的哲里木盟、白城地区抽调了3000多名返乡青年和下乡知识青年，分批开进霍林河矿区。这些创业者有一个统一的名字，叫作"三千五民兵"，并且成了一个时代的符号。

现在大家看到的是创业者穿过的皮大衣。当时霍林郭勒的年平均气温为0.1摄氏度，无霜期仅为85天。如果不穿厚实的大衣，在冬天会冻得连手都伸不出来，幸亏有皮大衣帮助人们抵御寒冬。

下面为大家讲述一个有关皮大衣的感人故事。

故事发生在1982年的隆冬时节，主人公是霍林河第一任电厂的副厂长郭立新同志。当时霍林河自备电厂是为整个矿区提供用电的重要渠道。有一天矿区突然一片漆黑，身为党员的郭立新身先士卒、以身作则，匆忙抓起身边的皮大衣，一只手抱着发电机，搭上了一辆前往发电厂的厂车去查看情况。

那时的厂车就像现在的拖拉机，后面的车厢是没有棚的，坐车的人需要用手臂环住车杆子才能保证自己不掉下去。那一天天气异常寒冷，气温达到零下40多摄氏度，即使穿着皮大衣也冻得瑟瑟发抖。霍林河煤矿处于建设初期，各项基础设施并不完善，车辆行进的路上坑坑洼洼。郭立新手里抱着发电机，根本无法牢牢环住车杆子。本以为马上就能到达发电厂，结果在行进途中因为路途太颠簸，郭立新不慎从车上掉落。而由于风雪太大，驾驶员并没有及时发现，等调头回去找到他的时候，他身上的皮大衣早已被鲜血染红，而他的怀里还紧紧抱着那个发电机……郭立新没能站起来，他牺牲在了为之奋斗的岗位上。这件染血的皮大衣就是英雄的最好见证。

如今，厚重的皮大衣早已被轻便的羽绒服、华丽的皮草和各式各样的棉衣所取代，但希望大家不要忘记，霍林河煤田的建设者们就是穿着笨重的皮大衣、带着厚厚的皮帽，在这片亘古荒原上创造了一个又一个奇迹！

大草原的欢迎礼——蒙古族酒文化

通辽市博物馆　张欣雨

　　酒，自古以来就在中国人的生活中占据了非常重要的位置，而对于热情好客的蒙古族来说，酒是最诚挚的欢迎礼。

　　在通辽市博物馆的展柜中有这样一件文物——清錾花银碗。碗高8厘米、直径19厘米，嵌红珊瑚绿松石，内底雕刻盘肠和花卉纹，富丽华贵，正是家中来贵客时敬马奶酒所使用的。马奶酒一般呈半透明状，入口醇香，酒精度数不高，人喝了不易醉，还具有舒筋活血、健胃等功效。马奶酒的传统酿制主要采取撞击发酵法，就是将鲜马奶盛装在皮囊或木桶等容器中，用特制的木棒反复搅动，使马奶温度在剧烈的撞击中不断升高，最后发酵产生分离，渣滓下沉，纯净的乳清浮在上面，便成为清香诱人的马奶酒。西方旅行家马可·波罗曾将马奶酒类比作白葡萄酒，称它清凉爽口、沁人心脾，并将马奶酒记录在他的旅行日记中。

　　蒙古族喝酒非常讲究礼俗。一般敬酒者身着蒙古族服饰，站到主宾的对面，双手捧起哈达，左手端起斟满酒的银碗，低头、弯腰，双手举过头顶，示意敬酒。主宾双手接过，同样用左手端着银碗，用右手无名指先蘸一点酒向天弹一下，再蘸一点酒向地弹一下，最后蘸一点酒涂在自己的额头上，表示对天、地及祖先的敬意和对生活的祈祷和祝愿。

　　大家也许会问，为什么会用无名指呢？由于以前部落之间的争斗既有白日下的兵戎相见，也有黑夜里的宴饮毒酒，为了不被毒酒所害，人们通常会在无名指上戴一枚银戒指，无名指向上让酒流到银戒指上，向下则是等待氧化的过程，抹在自己的额头时则可以看到戒指是否变黑，这样就可以知道酒是否有毒。随着时间的推移，这种在征战中养成的习惯逐渐演变成接人待客敬酒的礼节，成了一种诚意的表达和吉祥的祝愿。

蒙古族敬酒时常常伴着悠扬的敬酒歌，唱一支歌，客人就要喝一杯酒。蒙古族认为只有让客人把酒喝得足足的，自己的心意才尽到了。地域不同，敬酒的方式也不同，有些地区的蒙古族是先敬酒，待客人喝完之后，主人伴以劝酒歌再敬酒；而有些地方则是先唱歌再敬酒，然后边唱边敬，把圣洁的美酒和美妙的歌声同时献给远方而来的朋友。

五十六个民族，五十六枝花，五十六族兄弟姐妹汇成了这芳香四溢的大花园，蒙古族酒文化就是这花园中的一枝奇葩。它是一种增进友谊的方式，代表着蒙古族最诚挚的礼节，更是蒙古族礼仪文化的体现。草原人待客的酒饱含着草原人滚烫的心，大草原敞开怀抱欢迎您！

孤胆英雄好特老

通辽市博物馆　高一然

解放战争时期，内蒙古有一支忠于党、忠于祖国、忠于人民，不怕流血和牺牲的英雄部队——内蒙古骑兵二师，其中涌现出许多战斗英雄，就包括我们今天讲到的这位孤胆英雄好特老。

好特老1923年出生于通辽市科左后旗一个蒙古族家庭，他小时候放过牛、种过地，1946年入伍，是一名中国共产党党员。1947年5月，通辽境内的哈拉乌苏地区炮声隆隆，战马嘶鸣，一场激烈的战斗正在大草原上进行。参加这次战斗的国民党十八师和通辽县保安团共有步兵和骑兵七八百人，而骑兵二师仅有300余人。由于双方实力悬殊，师部决定将人员分为两队，一队从后面追击敌人，另一队从前包围敌人。好特老所在连队的任务便是阻拦敌人于哈拉乌苏庙前，不让敌人逃窜。

好特老是骑兵二师十三团二班班长，他带领三名战士，冒着敌人猛烈的炮火率先冲到了哈拉乌苏庙前。由于主力部队在敌人的北面发动进攻，敌人为了逃窜便向哈拉乌苏庙冲来。迎面扑来的国民党骑兵有40多人，敌众我寡，形势非常严峻。为了抢占制高点沙岗，好特老带领三名战士先发制人，向敌人猛烈开火，一举击毙了4个敌人，其中还有一名国民党上尉军官。抢得制高点后，西边又有30多个敌人冲了上来，好特老马上派两名战士去阻击，他和另一名战士死守沙岗高地。为了逃命，敌人开始了更加猛烈的进攻，战斗越来越激烈。好特老和战士们决心与沙岗高地共存亡，决不允许一个敌人从这里逃走。敌人的十几次进攻都被好特老和战士们击退了，但当敌人再次冲来时，好特老身边的手榴弹投完了、枪膛烧红了、子弹也打光了，他端起空枪冲进敌人群中，高喊："缴枪不杀，优待俘虏！"敌人被好特老这一举动震慑住了，一些人吓得直接把枪扔在了地上。他当场俘获了13个敌人，为全歼敌人奠定了基础。战斗结束后，部队首长赞扬好特老作战勇敢，有智有勇，是孤胆英雄！这之后，好特老又参加了东北解放战争和著名的辽沈战役、平津战役，从东北打到平津又过了黄河，先后立过大功5次，被授予一等战斗英雄的称号。

这样一位孤胆英雄，在生活中却十分低调。好特老生活简朴，穿了一辈子的绿军装。他很少讲自己立功的事情，而是经常对后人说："我付出的少，得到的多，没有党就没有我们今天的幸福生活。"在和平年代里，好特老不怕辛苦，总是把困难留给自己，方便给予别人。

好特老是解放战争时期我军涌现出的英模人物，他不畏强敌，一次次只身冲入敌阵，功绩突出。如今，好特老逝世已经20余年，但是他的英雄事迹和革命精神将永远激励我们在新时代奋勇前行！

回顾历史，无数英雄先烈为中华民族抛头颅洒热血。"向北望星提剑立，一生长为国家忧"，"苟利国家生死以，岂因祸福避趋之"。孙中山先生曾经说过，做人最大的事情"就是要知道怎么样爱国"。习近平总书记指出："历史深刻表明，爱国主义自古以来就流淌在中华民族血脉之中，去不掉，打不破，灭不了，是中国人民和中华民族维护民族独立和民族尊严的强大精神动力，只要高举爱国主义的伟大旗帜，中国人民和中华民族就能在改造中国、改造世界的拼搏中迸发出排山倒海的历史伟力！"我们年轻一代，一定要继承先烈遗志，高举爱国主义伟大旗帜，在建设中国特色社会主义宏伟事业中建功立业、开创未来。

蒙古族舞蹈——安代舞

通辽市博物馆　徐璨

东南的雨飘来，苞米高粱拔节伸叶，挤出沟沿；东北的风吹来，荞麦摇曳，落了满坡白雪；马头琴的音符悠扬传来，撩起了人们跳安代的热情。荞麦开花的季节，是跳安代最火的季节。作为蒙古族舞蹈艺术殿堂里的一颗明珠，安代舞被称为蒙古族集体舞蹈的活化石。2006年5月20日，蒙古族安代舞经国务院批准列入第一批国家级非物质文化遗产名录，成为蒙古族最为耀眼的文化标识。（彩图六：2）

安代舞是源自科尔沁草原南端库伦旗的一种集体舞蹈。"安代"为欠起身来、抬起头来之意。安代舞最初是一种用来求神治病的宗教性舞蹈，含有祈求神灵庇佑，祛病消灾的意味，后来才慢慢变为娱乐性的活动。关于其起源，民间流传着许多动人的传说。

相传科尔沁草原上有一对相依为命的父女，女孩从小聪明伶俐，十分惹人怜爱。可到了18岁时，女孩突然得了一种怪病，她时而笑、时而哭，有时不思饮食，有时吃起来便不知饱。老汉为了给心爱的女儿医治，到处求医、问药，但女儿的病怎么也不见好转。无奈之下，老汉套上勒勒车，带上一些日常生活所用之物，拉着心爱的女儿外出寻医，日夜奔走在大草原上。当老汉千辛万苦拉着病情每况愈下的女儿来到库伦旗时，古老而陈旧的勒勒车车轴突然断了。在这举目无亲的异地他乡，老汉完全陷入了绝望。他痛苦地围绕着勒勒车，看着奄奄一息的女儿，不停地挥泪顿足、放声恸歌，哭诉自己的不幸遭遇。老人的歌声引来了远近的人们，大家听后都极为同情，便跟随在老汉身后围绕车子顿足悲歌起来。这时奇迹发生了，曾不省人事、奄奄一息的姑娘竟然慢慢苏醒过来，她走下车子跟随在人们后面悄声歌唱。也不知围绕车子边唱边走地转了多少圈，累得姑娘浑身发汗湿透了衣衫，但病情却一下子减轻了许多。这个奇闻不胫而走，库伦百姓把老父救活女儿的形式命名为"安代"，并广为流传。

随着历史的发展和社会的进步，带有迷信色彩的安代舞已不复存在，如今的安代舞是作为一种民间歌舞传承下来的。在科尔沁草原上，不管是求雨、祭敖包，还是那达慕盛会，都用这种载歌载舞的形式。姑娘们挥舞着头巾跳，小伙子脱去马靴光着脚跳，孩子们做着鬼脸跳，拍手叉腰、向前冲跑，优美潇洒的动作展现了盛大的狂欢场面，把美和对美的追求推向了极致。一人舞，百人随；两人唱，千人合。不经意之间，劳动人民创造了一种舞蹈杰作。安代舞以其独特的魅力被传承下来，历久弥新。作为不同历史时期劳动人民集体智慧的结晶，作为中华民族文化百花园中的一朵奇花，安代舞必将在中华民族共有的精神家园中展现更加美丽的身姿。

让麦新精神永放时代光芒

通辽市开鲁县麦新纪念馆　高飞

"大刀向鬼子们的头上砍去，全国武装的弟兄们，抗战的一天来到了，抗战的一天来到了！"这首荡气回肠的不朽战歌《大刀进行曲》，是革命音乐家麦新同志于1937年7月创作的。麦新1938年初加入中国共产党，1947年6月6日在开鲁不幸牺牲，年仅33岁。"天地英雄气，千秋尚凛然。"麦新的生命虽然短暂，但他的英名与事业永世长存。

1914年12月5日，麦新出生在上海一个普通的小资产阶级家庭。1940年11月，麦新来到了延安。延安是革命的大熔炉，党中央在延安，毛主席在延安。在延安的5年，他的信仰更加坚定，思想更加成熟。1946年3月，麦新响应党中央的号召，来到了偏僻的开鲁县。来到开鲁以后，麦新主动要求去偏远的五区领导群众搞生产。在五区工作的那些日子里，麦新不仅为赵大娘拉犁，还帮助郭万才打坯、垒墙，帮助老百姓背柴火、扫院子，而群众的热水他一口不肯喝，鸡蛋他一个不肯吃。

著名的诗人臧克家说过："有的人活着，他已经死了；有的人死了，他还活着。"麦新就是一个永远活在人民心中的人。他在开鲁的日子虽然只有432天，但却用生命铸就了不朽的麦新精神。走进开鲁，似乎每一寸土地都留下了麦新的印迹，每一棵树木都刻满了麦新的时代风华。站在这片红色土地上，仿佛依然能听到麦新"不让人民过上好日子，死不瞑目"的铮铮誓言。

麦新在日记里写道："为党的生存、为人民的解放而抛弃头颅，这是最光荣的！受了十年党的教育的我，是献出自己生命，为人民服务的时候了！"1947年6月6日，麦新在县委开完会，和通讯员王振江、赵明贵急匆匆往五区赶。走到芦家段的时候，突然看见二十几个国民党残匪手持长枪急速向他们扑来。麦新一看情况不妙，说了声"不要慌，跟着我"。三人调转马头向南疾驰。没走多远，前面又来了八九十个国民党残匪。麦新一惊，感到情况危急，在这一瞬间，他想到了县委的安全，想到了日夜相处的同志们，想到身边的通讯员还那么年轻。他立即命令道："我掩护，你俩赶快突围，去找徐书记，向他报告！"这时我军募集军需的一辆大车闻声赶来，李排长带着两名战士立即投入了战斗。战斗打了两个多小时，李排长牺牲了，两名战士牺牲了，麦新的子弹也打光了。敌匪蜂拥而上，把麦新紧紧包围起来。敌匪想夺下麦新的手枪，麦新死死抓住不放，因为这是吕明仁书记送给他的。凶恶的敌匪掰断麦新的手指把枪夺了下来，用枪托击打他的头部、胸部，用马鞭狠狠抽打他的全身。麦新横眉冷对，宁死不屈，凶恶的敌匪无计可施，朝着他连开四枪，麦新同志牺牲了。

作为一名共产党员，麦新始终怀着一份最炽热的情感，那就是感恩。他感激党，是共产党让他成了有信仰有组织的人。面对敌匪皮鞭抽打的时候，他没有动摇过对共产主义的信仰。面对敌匪枪口的时候，他依然没有改变对党的赤诚。作为蹲点干部，他舍不下五区的老百姓；作为丈夫，他舍不下一起投身革命的妻子。他多想守着他们，和他们一起迎接全国解放的那一刻。但在渴望和信仰之间，他能掂量出孰轻孰重。因为在握紧拳头、宣读誓词的那一刻起，他就随时准备着为党和人民牺牲一切。心中有信仰，何惧生与死！麦新用自己短暂的一生践行了共产党员的誓言，他无愧于党和人民的嘱托，他把青春、热血、生命献给了开鲁这片热土。

今天，麦新同志已经离开我们74年了，他所为之奋斗的革命事业正在大踏步前进，他孜孜以求的美好理想正在一步步变成现实。我们要发扬光荣传统、传承红色基因，不忘初心、继续前进，努力创造无愧于时代、无愧于人民、无愧于先辈的业绩。这是我们对麦新同志最好的纪念。

陆

赤峰市

不朽的丰碑——革命烈士高桥

赤峰博物馆　郑棋文

赤峰博物馆收藏着一枚水晶印章，印章上镌刻有"精神"两字。这枚印章的主人是谁？在他的身上又发生了怎样的故事呢？

时光回溯到20世纪30年代。日本侵略者在攻陷东三省后开始向关内扩张，当时赤峰地区是必经之地，侵略者侵占这里后，烧杀抢掠，无恶不作。面对残暴的侵略者，中国共产党领导的抗日武装和赤峰各族人民一起，与敌人展开了顽强斗争。期间有无数抗日英雄将自己的热血洒在了赤峰大地上，水晶印章的主人就是他们中的一个，他就是年轻的革命烈士高桥。

高桥，原名高明海，字镜天，辽宁辽阳人。九一八事变后，他不甘做亡国之奴，毅然告别家乡父母，只身流亡关内。1935年，21岁的高桥考入黄埔军校洛阳分校，3年的军校生涯把他锻炼成了一名能够驰骋疆场、保家卫国的勇士。1938年毕业后，高桥在即将沦陷、掀起抗日救国热潮的唐山结识了共产党人李楚离，这次相遇让他毅然决然的选择加入了中国共产党。在党的指引下，他有了强大的思想武器，坚定地踏上了寻找光明之路。

在一次战斗中，当时还叫高明海的高桥俘获了一名日本军官，并在这个名叫高桥的日本军官身上搜到一枚水晶印章。为了纪念这次战斗的胜利，战友们纷纷打趣说："高队长你就改名叫高桥吧！"从此，高桥的名字在承平宁的大地上响彻云霄，使敌人闻风丧胆。

时间转眼来到1944年春，高桥率领10余人在宁城老西沟休整，筹措补给物资，却遭遇了日伪军的包围。虽然敌人的数量有数倍之多，高桥和战士们仍顽强斗争。他一挥手枪下了命令："坚决突围，不当俘虏！"敌人紧追不舍，一个又一个战士倒下，原本有机会脱险的高桥为了救助战友被子弹打倒在地，殷红的鲜血顺着他的身体流出，染红了身边的土地。受伤的高桥没有停止战斗，他狠狠向敌人还击，但最终寡不敌众。为了不当俘虏，他把最后一颗子弹留给了自己。30岁的高桥，为了崇高的理想和事业献出了自己的生命。

高桥牺牲后，对他恨之入骨的日伪当局残忍地割下了他的头颅，并先后在宁城等地悬挂示众。这种残暴的行径更加激发了人民同仇敌忾、斗争到底的决心。抗战胜利后的1946年，宁城人民把高桥烈士的头颅和躯体合葬在八里罕。新中国成立后，宁城县人民政府将高桥牺牲的地方老西沟命名为"高桥村"，并修建了烈士陵园。

祖国是人民最坚实的依靠，英雄是民族最闪亮的坐标！赓续红色血脉，传承红色基因。战火硝烟的岁月已经过去，但革命英雄人民永远不会忘记。他们的名字，他们的故事，他们的精神，将代代相传，永不磨灭！

沧桑正道 苍穹之昂——革命先驱韩麟符

赤峰博物馆 赵博

翻开中国近代史的长卷，每当看到革命先行者在内忧外患的旧中国奔走呼喊、舍生忘死、奋勇前行的故事，总令我们感慨万千。中共早期党员、赤峰籍烈士韩麟符，就是最让人难以忘怀的革命先驱之一。

时光追溯到1900年，韩麟符出生在今赤峰市元宝山区一个贫困的农户家，幼时备受剥削压迫的成长经历，是激发他萌生革命斗争思想的初始。1919年，青年韩麟符来到天津求学，他积极投身到滚滚的革命洪流中，被选为天津学生联合会副会长，参与领导了天津五四运动。1923年，经由李大钊介绍，23岁的韩麟符加入了中国共产党。次年，韩麟符参加了国民党第一次代表大会，并被选为候补执委，同时被选为候补执委的共产党人还有毛泽东、瞿秋白等。

在革命工作中，韩麟符逐渐成长为一名成熟的革命者，并以共产党员的身份成为国共合作的核心人物之一。在北平期间，他曾多次深入国立蒙藏学校，引导蒙古族进步青年乌兰夫、多松年等走上了革命之路。

1927年，蒋介石在上海发动四一二反革命政变，大肆屠杀共产党人，一时间白色恐怖笼罩全国。在逆境中，韩麟符凭借坚韧的性格及缜密的思维躲过重重暗杀，辗转于武汉、天津等地。最困难的时候，他与妻子为了躲避敌人的追捕，把随身携带的衣物、现洋全部扔到了海里，客栈里除了各自的一身衣服，以及搭在两个长条椅拼成的床铺上的一块毯子，其他一无所有。

在此后的岁月里，韩麟符凭借革命者顽强的意志力与崇高的信仰，继续奔走于旧中国每一处革命星火燃烧的地方。1931年，由于叛徒出卖，韩麟符在天津被捕入狱。此时正值张学良的部下孙殿英抗日失利，为扩大影响，抬高自己的地位，孙殿英以需要韩麟符在手下任职为理由，向张学良请求并保释他出狱。韩麟符希望把孙殿英的部队转化为对我党有用的军事力量，出狱后成为孙殿英部队的特训处长，率领部队活跃于赤峰、包头等地抗日一线。由于韩麟符反对国民党"攘外必先安内"的政策，揭露蒋介石"消极抗日，积极反共"的阴谋，1934年孙殿英的部队被击溃后，韩麟符等人被南京政府通缉。在革命友人的帮助下，韩麟符暂时脱离险境，伪装成乞丐，辗转来到了山西榆次，却还是被军统特务发现了。尾随他多时的特务突然从背后开枪向他射击，第一枪打在腿上。韩麟符带伤翻过围墙，跳入一户民宅中躲避，但由于伤势过重动弹不得，特务追至跟前，瞄准他头部又是一枪。韩麟符当即牺牲，年仅34岁。新中国成立后，韩麟符被追认为烈士，在山西榆次还修建了韩麟符烈士陵园。

岁月消逝，四季更迭，当我们沿着先辈的足迹奋力前行的时候，历史已经成了身后渐行渐远的背影，但共产党人九死不悔的信念，先烈们视死如归的勇气，激励着一代又一代的后来人。今日的中国山河无恙，这盛世如你所愿！我们将永远铭记革命先行者的卓越功勋。英魂不朽，吾辈自强！

千年辽韵——庆州白塔

赤峰博物馆　杨妹

　　在赤峰市巴林右旗辽阔的索博日嘎草原上，矗立着一座有千年历史的空心楼阁式砖木塔，它就是被誉为"东方浮雕博物馆"的辽代释迦佛舍利塔——庆州白塔。

　　白塔平面呈八边形，立面呈八棱锥体，共七级，取佛教八度空间和七级浮屠之意。外观洁白如玉，气势雄浑。塔内每层砌成穹隆形层层相叠。全塔七级设假门28面，每门两侧各有天王浮雕一尊，共56尊。天王头戴兜鍪，身披盔甲，彩带飘绕，手持法器、兵器，威风神凛，透射出辽代佛教"显密圆通"的特色。东、西、南、北四面开券顶塔门，门两旁浮雕金刚力士像，浮砌经幢、胡人舞狮等画面。每层栏楣上雕有不同的缠枝花卉图案和人物肖像，有吹奏、舞蹈的乐伎，有饮宴行乐的场景。浮雕技艺高超，精湛生动。

　　铜鎏金的刹顶及塔身错落嵌装有856面铜镜，华光四射，熠熠生辉。1989年维修白塔时，在塔刹内发现鎏金舍利塔、丝织品等稀世珍宝600余件，另有建塔砖碑2通，详细记载了建塔时间、营建组织等情况，为研究辽代社会文化生活、宗教信仰等提供了丰富的实证资料。

　　庆州白塔的建立与辽兴宗及其生母章圣皇太后之间一段宫廷权利争斗的故事密切相关。兴宗的生母萧耨斤为辽圣宗生下了耶律宗真和耶律重元两个儿子。长子耶律宗真被齐天皇后收养，萧氏则由普通宫女被封为顺圣元妃。圣宗去世留下遗诏，以齐天皇后为皇太后，耶律宗真继位，是为辽兴宗。为谋皇太后位，萧氏诬害了齐天皇后，自封为章圣皇太后并临朝听政。1034年，章圣皇太后与娘家弟兄密谋，欲立次子耶律重元为帝，不料事情败露，兴宗在朝臣支持下掌控了局面，将章圣皇太后送至刚刚筑就的庆州城七括宫幽禁起来。及至1039年，兴宗才把章圣皇太后接回皇宫。后章圣皇太后患病，于1047年在曾经皈依佛门的幽禁地主持修建了庆州白塔并刻经，祈愿延年益寿，祀愿镇护辽国。庆州白塔后成为辽代皇陵的奉陵邑塔。

庆州白塔坐落草原，背靠青山，面对碧水。白塔、青山、碧水交相辉映，构成了一幅独具神韵的风景图。凝望白塔，每一寸砖石，每一道雕痕，似乎都在无声述说着千年前的往事。

庆州白塔是辽代皇家所建楼阁式佛塔的登峰造极之作，高超的建筑技术和优美的造型让它声名远播。虽然历经岁月洗礼，庆州白塔却千年不倒巍然屹立，是中华民族的建筑瑰宝，展示着中华文化的灿烂辉煌。

三彩之美——辽三彩鸳鸯壶

赤峰博物馆　孙雪江

在中国历史上有一些由少数民族建立的政权，它们在留下了自己的印迹后，如百川归海般慢慢融入华夏文明。其中有这样一个民族，善于学习，兼容并包，在中国历史上留下了绚烂的一页，这就是契丹族，它所创造的辽文化是中华文化重要的组成部分。而辽三彩是辽代多元文化的代表，也是辽代陶瓷艺术的标志。

辽三彩鸳鸯壶，1977 年出土于赤峰市松山区王家店乡辽墓。壶的整体造型是一只羽翼丰满的鸳鸯，鸳鸯的背部有一个五瓣花形的注水口，注水口与尾部用弧形提梁相连接。鸳鸯的喙部，也就是嘴巴，被巧妙的顺势借形做成了壶嘴。鸳鸯的羽毛上施有黄、白、绿三色釉彩，色调唯美，简约素雅。（彩图一四）

说到三彩，大家可能最先想到的会是唐三彩，比如著名的唐三彩马。辽三彩其实是对唐三彩的继承和发展。在借鉴唐三彩烧制技术的同时，辽三彩又结合了契丹族的生活习惯和性格特征，带有鲜明的民族特色。如辽三彩海棠盘、三彩龙纹执壶，都是非常具有契丹民族特色的三彩产品。

契丹族世代生活在广阔无垠的大草原，他们与大自然和谐相处，善于观察自然界中的山川湖泊、花鸟鱼虫，在自然界中发现美。或许正是活泼灵动的鸳鸯激发了辽代工匠的创作灵感，将美丽的鸟的形象赋予器物，才创造出了这巧夺天工、造型优美、比例协调、色彩艳丽的辽三彩鸳鸯壶。

三彩器物多是用于随葬。辽代早期贵族随葬品奢华，大量金银器被用作随葬品，导致国家财政告急。辽圣宗、辽兴宗曾多次下诏，禁止在墓葬中使用珍宝和金银器随葬，于是一些贵族开始寻找能够替代金银器的随葬品。据学者考证，辽三彩烧制便利、器形优美、色彩艳丽，深受辽皇室以及贵族的喜爱，最终成为替代金银器作为随葬品的上佳选择。因此，存世的辽三彩大多出土于辽代中晚期贵族墓葬。

　　唐代以后，曾备受追捧的唐三彩在中原地区如落日余晖、夕阳晚照，逐渐没落，不再受到重视。然而在辽阔的北方草原，由唐三彩发展而来的辽三彩却开创了属于自己的灿烂和辉煌。

　　岁月流逝，如今契丹族的血脉早已经融入中华民族大家庭中，以辽三彩为代表的辽代多元文化，也早已经成为中华民族历史文化中不可分割的一部分，如熠熠星辰闪耀在中华文明的广阔天空。

元墓瑰宝　珍贵画卷

赤峰博物馆　孙雪江

在赤峰博物馆的展厅里陈列着一幅珍贵的元代壁画，它色彩柔和、线条流畅、笔力刚健，堪称元代壁画的精品之作，它就是《夫妻对坐图》。该幅壁画用黑线勾勒轮廓、平涂填色渲染。画面两侧宽阔的帐幕之下，男女主人相对而坐。男主人长圆脸，头戴圆顶帽，身穿右衽窄袖长袍，脚穿高靴。在男主人一侧，女主人头作高髻，身穿窄袖左衽长袍，外罩紫色对襟短衫，优雅而恬淡。圆顶帽、窄袖长袍、高靴，这些都是典型的蒙古族服饰。在男、女主人身后还分别站着一个男侍和一个女仆，似乎是在静候待命。整幅壁画显现出了富贵和谐、其乐融融的生活氛围。（彩图九：1）

《夫妻对坐图》是1982年在赤峰市元宝山区沙子山1号元墓中揭取的。墓葬中没有发现能够证明墓主人身份的明确信息，但经过专家学者对壁画的深入研究，发现了些许关于墓主人身份地位的蛛丝马迹。画面上男主人头上戴的是圆顶暖帽。暖帽，是用黑貂、青鼠皮等珍贵皮毛制成的暖额帽，在当时只有皇亲国戚、达官贵族才可以带。根据史料记载，"元时除朝会后，王公贵人俱戴大帽"，大帽就是暖帽。从衣着来看，男主人身上穿的是右衽窄袖长袍。据《元史》记载，百官公服"制以罗，盘领，俱右衽"。以上这两点信息表明，画面中的男主人应该是一位元代高官。再来看女主人，她身上穿的是紫色对襟短衫。《元典章》规定，帝后服赭黄，达官服紫为最上乘。也就是说，紫色同赭黄色一样是权力的象征，一般百姓是不能随便穿着的。可见女主人的身份也非同一般。在元代，关于衣饰规制有许多的禁令，穿戴违规要受到重罚。壁画上绘制的服饰细节透露了墓主人的显赫地位，他们极有可能是元代的大贵族甚至是皇族。

由于蒙古族实行"不树不封"的土葬制度，元代大型陵墓湮没难寻。又因为受佛教影响，元代盛行火葬，所以即使是中小型墓葬，发现也是寥寥无几。元代赤峰地区是蒙古弘吉剌部的封地。蒙古大汗窝阔台曾下诏："弘吉剌氏生女世代以为后，生男世尚公主。"那时的赤峰，地理位置处于元大都、元上都通往岭北的交通要冲，城邑繁华、经济发达、政治地位显赫。因此，赤峰发现的这座元代墓葬很有研究价值，而元代墓室中的壁画更为罕见，足见《夫妻对坐图》的珍贵。

如果有机会走进赤峰博物馆，请您一定要好好欣赏一下这幅《夫妻对坐图》。它为研究中国古代服饰文化、制度文化、社会生活提供了珍贵的资料，是中国古代绘画艺术中的瑰宝。

足尖上的节奏——蒙古秧歌

赤峰博物馆　杨妹

　　男女老少身着传统的民族服饰，手持各式各样的道具，伴着鼓镲敲打出的动感节奏，"走得轻盈，摆得灵活，扭得激情"，这便是蒙古秧歌。

　　蒙古秧歌，是流行于内蒙古自治区赤峰市翁牛特旗德日苏嘎查的一种独有的集歌唱、舞蹈、乐器、说唱于一身的综合性表演艺术——"雅布根呼格吉木"，汉语意为"行进中合着音乐节拍的舞蹈"。因为它是在蒙古族传统音乐文化的基础上融合了汉族秧歌的表现形式而形成的，故此又称为"蒙古秧歌"。

　　关于蒙古秧歌的起源，当地流传着这样一种说法：清光绪年间，德日苏赌博盛行，牧民鲍礼和关其格便编创了蒙古秧歌，吸引大家参加，以改善不良风气。实际上，蒙古秧歌与蒙古族在重大节日上的集体踏歌祈福有关。随着社会发展、蒙汉文化融合，便衍生出了这种新的文化现象。蒙古秧歌流传至今已有130多年，在2015年还入选了内蒙古自治区非物质文化遗产名录。

　　蒙古秧歌风格淳朴，别具特色。表演者穿着翁牛特蒙古族传统服饰，均不化妆。男表演者头戴蒙古族帽子、脚穿蒙古族靴子，女表演者佩戴蒙古族传统头饰，用发箍或彩色的绸布包头，盛装打扮，十分喜庆。开始是"以舞为主"的节目类型，表演队走出各种队形，如"卷白菜心""野马分鬃"等。基本动作是眼睛向前看，上身左右摆，双臂绕圈扭，脚尖擦地走。舞蹈风格可以用"扭""摆""走"来形容。"扭"是指舞者将腰胯部位有节奏地进行扭动。"摆"是指随着上身的左右摆动，双臂于身侧呈25度轮流划圈。"擦踏步"是蒙古秧歌的特色，指双脚跟提起，前脚掌一拍一步擦踏前进，具有节奏感。除基本动作外，还有剪羊毛、挤牛奶、骑马等动作，灵感都来源于牧民的日常生产生活。舞者们手中挥舞的道具有绸布、弓箭、套力棒子等。伴奏有鼓有镲，节奏紧密匆促。走完场后，舞者们围成圆圈进行歌唱表演，即"圆场"表演。其中好来宝表演，风趣幽默、酣畅淋漓；赞祝词表演，献上美好的祝愿，祝颂主人吉祥如意；蒙古族民歌演唱，用高亢的长调和明快的短调赞颂英雄，赞美家乡，昭示美好的未来。之后鼓点由慢转快，队形由简单变复杂，舞者们用"擦踏步"将舞蹈推向高潮。随后又变为简单的队形，直至结束。

近年来，国家高度重视对民族传统文化的保护发展。2019年7月15日，习近平总书记参观赤峰博物馆，指出"中华文明植根于和而不同的多民族文化沃土，历史悠久，是世界上唯一没有中断、发展至今的文明。要重视少数民族文化保护和传承"。总书记的话让人备受鼓舞，蒙古秧歌也因此有了更好的保护和发展空间，成为当地重要的民俗节庆活动。欢快的蒙古秧歌，既是表达蒙古族人民内心情感的优秀传统文化，更是民族团结发展、互相交融的历史见证。

柒

锡林郭勒盟

蓝色透明玻璃碗

锡林郭勒博物馆　郭梦绮

说起日常的生活器皿，很多人的第一反应就是瓷器。确实，中国是瓷器大国，很早就掌握了瓷器烧造技术。不过我们生活中还有一种材质的器皿是很常见的，那就是玻璃器皿。在很多人的印象里，玻璃是西方人发明的，并且在西方很早就得到运用。其实中国很早就出现了玻璃制品，只不过不同时期对玻璃的称呼不一样，如"琉璃""陆离"等等，而"玻璃"这个名称被广泛使用是从宋代开始的。

玻璃器皿在古代曾经极为昂贵，其价值一度与黄金和宝石并肩，是少数人享用的奢侈品。2014 年，在锡林郭勒盟正镶白旗伊和淖尔苏木的北魏墓葬中出土了一件极具代表性的古代玻璃制品，它就是北魏蓝色透明玻璃碗。这只玻璃碗器形不大，高 4 厘米、内径 9.5 厘米，整体上没有太花哨的设计，圆口稍向外敞，弧壁下敛，下有圈足，通体透明，光素无纹饰。历经千年，它的色泽依旧鲜艳。经过成分检测分析，这件蓝色透明玻璃碗的材质为钠钙玻璃，而中国古代早期玻璃制品的材质主要为铅钡玻璃，因此考古学家推断它是通过古代丝绸之路从萨珊王朝传入中国的。

这一论断拉开了一场穿越时空、跨越文明的历史序幕，我们透过这只玻璃碗，得以更清楚地看到北魏的历史沿革。

公元398年，鲜卑族首领拓跋珪建立了北魏政权，同年迁都平城称帝，这也是魏晋南北朝时期北朝的第一个王朝。此后数年，北魏政权展现出了强大的生命力，在完成开疆拓土之后，沿阴山设置边防六军镇，对平城形成拱卫之势。彼时的锡林郭勒大草原，就位于边防六军镇中怀荒、柔玄、抚冥三镇的范围内，其重要作用不言而喻。

在经过几十年的征伐以后，北魏太武帝拓跋焘正式统一了北方。稳定的边疆以及和平的环境，使得北方地区的匈奴、鲜卑、乌桓人内迁，契丹、室韦、柔然等逐渐受到中原文化影响。相互间的文化认同和建立统一的多民族国家观念的形成，推动了地方政权采取效法中原的政策，不仅加强了地区的治理能力，更加深了对中华民族的情感认同、价值认同，促进了统一的多民族国家的发展。这也为北朝重开南北方交往之路奠定了坚实的基础。

张骞出使西域之后，中原王朝与西域以及葱岭以西诸国间逐渐形成了较为固定的交通路线。经过秦汉时期陆路交通的发展，魏晋南北朝时期陆上丝绸之路主干线通畅的交通网络局面得以形成，而丝绸之路诸支线也在不同时期发挥着重要的作用。自此，东西方使节频繁往来，无论是生产技术的传播，还是文化艺术的交融，对中华文化的吸收和认同，对中央政权统一的追求，都产生了深远的影响。

在文化交流与民族融合的时代背景之下，东西方商品贸易、生产技术交流日益频繁。而最初具有军事功能的六军镇，也成为东西方经济往来、文化交流的重要阵地。随着时间的推移，六军镇所拱卫的平城成为丝绸之路的东端起点，官方交流的频繁、民间贸易的繁盛一时无两。

这件蓝色透明玻璃碗就是在这样的时代背景下来到锡林郭勒草原的，它是东西方文化交流的见证，也是不同文明互动的结果。在我们为1500年前人类的玻璃制作工艺所赞叹不已时，它也为研究古代草原丝绸之路提供了有力的佐证。

　　在这件蓝色透明玻璃碗身上，能够看到西方的工艺，也能够看到中华文化的强盛与包容。它沟通古今，让我们认识到各族人民在长期历史发展中形成的政治上团结统一、文化上兼容并蓄、经济上相互依存、情感上相互亲近，是不可分割的民族共同体。

传承红色基因——草原上的红色文艺轻骑兵乌兰牧骑

锡林郭勒博物馆　威丽斯

　　绿野延天外，晴空如碧泉，碧色的青草上点缀着白色的羊群，犹如一副巨大的画卷一直铺向远方。纯朴豪爽的小伙子和风姿绰约的姑娘们，迎着风雪冒着寒暑，在草原、在大漠留下了深深的足迹。他们歌舞欢腾跟党走，全心全意为人民，他们就是"乌兰牧骑"。

　　1957年6月17日是一个平常的日子，但对于锡林郭勒盟苏尼特右旗来说却是一个值得铭记的日子。在那一天，乌兰牧骑正式成立。12个人、4套演出服、3盏煤气灯、2块幕布、2辆勒勒车，还有一些简单的乐器，是这支小队伍的全部。作为一支文艺团队，他们的装备简单，甚至还有一些寒酸，但他们投身文艺事业的热情却始终高涨。在草原农舍、在蒙古包，总是能够听到他们悠扬的歌声，看到他们用心的舞蹈。他们用自己不停步的前行，诠释了"乌兰牧骑"的蒙古语意义——红色的嫩芽。他们用生机勃勃，将它的意义引申为"红色文艺轻骑兵"。

　　乌兰牧骑的诞生、发展、壮大，契合了内蒙古在不同时期的发展状态。新中国成立之初，乌兰夫同志到基层调研，发现牧区人民文化生活匮乏，于是在向周总理汇报之后得到指示，要在牧区建立一支能够满足基层人民群众文化生活需要的队伍。这也成为乌兰牧骑的定位与初衷。

　　要适应草原人民的生活，这支队伍就必须精干，能够随时流动，而队伍中的人员则要保证一专多能。在这样的标准之下，在周总理和乌兰夫同志的指示之下，这支队伍开启了它漫长又意义深远的工作。

面对牧民居住分散、通讯落后的局面，乌兰牧骑队员灵活机动地开展各种文化活动。12名队员中，每个人都能够独当一面，无论条件多么艰苦，演出总是能够精彩上演、完美收场。而这完美的背后，是乌兰牧骑队员们的奉献与付出。

在台上，他们是无所不能的演员。到台下，他们是事事亲为的勤杂人员。除了放幻灯片、放电影、办展览、播放广播，他们还深入牧民之中，提供力所能及的文化服务。由于牧区没有通电，为了能够在晚上演出，他们便用棉花包上盐，然后蘸到煤油里，点着它来演出。他们让单调的牧区生活热闹了起来，也让牧民的精神生活丰富了起来。

乌兰牧骑是演出队，更是播种机，让党的政策深深地在草原扎下根。他们留下的是"哪里最需要，哪里最偏僻，就到哪里献歌献舞"的坚持，是牧民有口皆碑的赞誉。他们是文艺工作者，同时也是社员、宣传员、演员、保健员、理发员、邮递员、炊事员、售货员。这"八大员"的称呼，是他们融入牧民生活的最佳见证。在草原，他们被人民亲切地称为"玛奈乌兰牧骑"，意思是"我们的乌兰牧骑"。乌兰牧骑始终扎根基层、服务人民、无私奉献，他们"以天为幕布，以地为舞台"，为牧民传递了党的声音和关怀。在不断向前的征程中，乌兰牧骑更是被党中央、国务院誉为"社会主义文艺战线的一面旗帜"。

扎根生活沃土，服务人民群众，乌兰牧骑大力弘扬忠诚于党、热爱人民、吃苦耐劳、甘于奉献的精神，乌兰牧骑精神是马克思主义文艺观的生动体现。无论是定居点还是放牧点，只要有一个牧民，乌兰牧骑就会去演出。乌兰牧骑有句口号："不漏掉一个蒙古包，不落下一个牧民。"他们真真切切地把为劳动群众赢得文艺地位和美学权利这件事落到了实处。乌兰牧骑的传统和作风是忠诚于党、热爱人民、吃苦耐劳、甘于奉献、团结拼搏、勇于创新，这是乌兰牧骑的价值观，也是乌兰牧骑精神的基本元素。而这种精神追求、精神特质、精神脉络，正是中国精神的有机组成部分。从深层次意义上说，传承乌兰牧骑红色文化基因，就是传承中国精神；坚持扎根生活沃土、服务基层群众的原则，就是坚守文艺的初心和使命；弘扬优秀的民族文化，就是体现文化自觉和自信；坚持走特色发展、文艺创新之路，就是真接地气，就是与时俱进。

2017年10月，苏尼特右旗乌兰牧骑的16名队员给习近平总书记写信，汇报乌兰牧骑60年来的发展情况，表达为繁荣发展社会主义文艺事业作贡献的决心。同年11月21日，习近平总书记给队员们回信，信中说："乌兰牧骑是全国文艺战线的一面旗帜，第一支乌兰牧骑就诞生在你们的家乡。""乌兰牧骑的长盛不衰表明，人民需要艺术，艺术也需要人民。在新时代，希望你们以党的十九大精神为指引，大力弘扬乌兰牧骑的优良传统，扎根生活沃土，服务牧民群众，推动文艺创新，努力创作更多接地气、传得开、留得下的优秀作品，永远做草原上的'红色文艺轻骑兵'。"习近平总书记的回信如浩荡春风吹拂北疆草原，广大乌兰牧骑队员和内蒙古文艺战线倍感振奋。"永远做草原上的'红色文艺轻骑兵'"，这是乌兰牧骑60多年的积淀，也是从最初12名队员到如今75支队伍的华丽转身。

新时代，铸牢中华民族共同体意识为弘扬乌兰牧骑精神指引了方向，乌兰牧骑精神为铸牢中华民族共同体意识提供了文艺战线的经验。在铸牢中华民族共同体意识、凝聚磅礴的精神力量、实现中华民族伟大复兴中国梦的征程中，大力提倡乌兰牧骑精神，构筑中国精神和中国价值，无疑具有重要的现实意义和时代价值。在社会主义文艺史上，乌兰牧骑将继续谱写光辉重彩的新篇章。

恐龙死亡之谜及其化石的发现

二连浩特国家地质公园 马园

在恐龙灭绝原因中，天体撞击说长期以来占据着重要地位。1980年的一次科学研讨会上，美国地质学家阿尔瓦雷茨等根据研究成果，形象生动地讲述了距今6500万年前一个惊心动魄的故事：一个阳光灿烂的下午，烈日照耀下的热带灌木林中，许多不同种类和形态的恐龙像往常一样，或在湖边漫步，或在水中觅食。在森林的边缘，一只刚刚孵完卵的鸭嘴龙正在蛋巢边来回踱步；在开阔的原野上，一只霸王龙正准备扑向一只巨大的三角龙……突然，一声从来没有听到过的巨响打破了宁静。一颗小行星撞上了地球。这一撞不得了，相当于几万颗原子弹威力的爆炸在顷刻间发生。卷着尘埃的一个巨大的蘑菇云迅速升起，直冲天空，而后弥散开来，最后把整个地球笼罩在里面。很快，恐龙就什么也看不见了，因为黑云遮天蔽日，白天也没有了阳光。这种恐怖的状况持续了一两年，植物的光合作用中断，大量枯萎、死亡，吃植物的素食恐龙相继死去。此后，吃肉的恐龙也由于失去了食物而灭绝。

风云变幻，岁月流转。当第一块恐龙化石惊现于人间，曾经的霸主终于可以再见天颜。

内蒙古二连浩特是世界上最早发现恐龙化石的地区之一，也是我国最大的恐龙化石原地埋藏地之一。因为二连盆地发现的恐龙化石约占内蒙古恐龙化石总数的二分之一，所以二连浩特还有一个名字叫"恐龙的故乡"。二连浩特的恐龙化石以分布范围广、种类多、保存程度完好而闻名于世，是我国乃至世界重要的、典型的、具有代表性的恐龙化石产地之一，有极其重要的科学研究价值和保护开发价值。

早在7000万年前，这里遍布沼泽湖泊，气候湿热，林木茂密，是恐龙生息繁衍的乐园。恐龙死亡之后，不少遗骸埋在湖边的泥沙中，历经沧海桑田的变迁，最终形成了如今的恐龙化石群。

20世纪以来，国内外古生物学家和地质学家在二连盆地进行了多次大规模考察和挖掘，几乎每一次的发现都会引发古生物界的震荡，中亚地区第一个恐龙化石在这里发现，首个确认恐龙是卵生生物的是二连浩特的恐龙蛋化石，亚洲出土的最大的恐龙查干诺尔龙、镰刀龙类的新属种内蒙古龙世界最大的窃蛋龙二连巨盗龙都是在这里陆续被发现的。其中最著名的要属二连巨盗龙，它是目前为止发现的世界上最大的似鸟类恐龙，获得过世界吉尼斯纪录。它长8米、高5米，重1.5吨，体型可与著名的暴龙相比。这一重大发现极大地丰富了人类对恐龙向鸟类演化过程的认识，具有划时代的意义，是我国学者对鸟类起源研究领域的又一重要贡献。

红色堡垒耀北疆——察哈尔盟第一党支部

锡林郭勒盟文化遗产博物馆　乌金吉

　　察哈尔盟第一党支部纪念馆伫立在正蓝旗宝绍岱苏木恩格尔嘎查。当我们踏上纪念馆的台阶，仿佛回到了74年前。

　　以察哈尔左翼四旗为主的原察哈尔地区，东临热河，西连绥远，南面俯瞰张家口和平绥铁路，具有非常重要的战略地位和意义。1945年抗日战争胜利后，以推翻国民党反动统治为目标的人民解放战争席卷全国，察哈尔地区作为连接东北和西北解放区的战略通道，受到国共两党的高度重视。1945年11月25日，乌兰夫根据党中央指示，在张家口组织召开了内蒙古各盟旗代表大会，成立了内蒙古自治运动联合会。1946年3月31日，内蒙古自治运动联合会察哈尔盟分会和察盟民主政府成立。同年4月1日，中国共产党在察哈尔盟建立了第一个基层组织——道英海日罕党支部，由陈炳宇任书记，方杰、苏剑啸任委员。党组织的成立使察盟革命斗争统一在党的领导之下。

　　在中国共产党积极建立锡察根据地时，国民党军正疯狂地侵占察哈尔地区。党中央指示，坚守根据地，绝不能让国民党的野心得逞。察哈尔盟各级党组织坚决执行上级指示，察盟广大党员、地方干部配合人民军队，冒着生命危险和严寒酷暑深入牧区，以多种形式对群众进行宣传动员，努力提高群众的思想觉悟，并尽力团结其他革命力量建立统一战线，开展武装斗争。据统计，这一时期人口不足1万人的正蓝旗有1200多人参军，牺牲200余人。

　　在残酷的斗争中，共产党员和领导干部始终与人民群众并肩战斗，付出了巨大牺牲。为了祖国解放事业而牺牲的每个人都有感人至深的事迹，革命烈士关起义同志就是其中一员。1947年1月6日，时任察哈尔代理盟长的关起义在哈巴嘎开展工作时被土匪包围，遭到敌人的猛烈进攻，为了保护党的机密文件，他顽强战斗，宁死不降。敌人恼羞成怒，便抱来柴草点燃，顷刻之间，熊熊大火吞没了碾房，关起义壮烈牺牲，年仅43岁。解放战争中，锡察军民与敌人战斗上百次，仅正蓝旗境内就有战斗30多次，沉重打击了来犯之敌，使红旗牢牢插在锡察草原。

　　74年过去了，在全国各族人民的努力下，我们的祖国正在走向繁荣富强。如今的锡林郭勒草原处处生机勃勃，欣欣向荣，但是我们不能忘记，共产主义远大理想激励了一代又一代共产党人英勇奋斗，成千上万的烈士英雄为此献出了宝贵生命。正如习近平总书记所说："一个有希望的民族不能没有英雄，一个有前途的国家不能没有先锋。包括抗战英雄在内的一切民族英雄，都是中华民族的脊梁，他们的事迹和精神都是激励我们前行的强大力量。""我们要发扬光荣传统、传承红色基因，不忘初心、继续前进，努力在坚持和发展中国特色社会主义伟大进程中创造无愧于时代、无愧于人民、无愧于先辈的业绩。这是我们对老一辈革命家最好的纪念。"

简仪

锡林郭勒盟文化遗产博物馆 乌楞苏兰格

中国是世界上天文学起步最早、发展最快的国家之一，在创制天文仪器方面作出了杰出贡献。为了能够更准确的确定天体在天球上的位置，中国古代的天文学家们一直致力于探索研制新的仪器，西汉落下闳根据古代的浑天说制造浑仪，唐代李淳风和北宋沈括又对其进行了多番改进。1276年，元代著名天文家郭守敬彻底改变浑仪的结构，创制了简仪，一举将中国古代天文学推向一个新的制高点。

简仪从外观上看宛如一件工艺品，它有一个长方形框架作为底座，框架四角和中央分别有四根龙纹柱和四根云纹柱支撑，这些龙纹和云纹饰囊括了线刻、浮雕、透雕等技术，彰显了精妙的制作技艺。作为天文仪器，简仪在测量天体位置方面有重要的作用。简仪由相互独立的地平装置、赤道装置和校正装置组成。

简仪的地平装置称为立运仪，部件包括一个固定的阴纬环和直立的、可以绕线旋转的立运环，以及一根窥衡。立运环可以在垂直方向转动，窥衡可以在水平方向转动，因此窥衡能够对准天空中任意一个位置。在观测时将窥衡对准待测天体，就能在阴纬环、立运环上读出数值，这个数值就是天体相对地球的方位及高度。窥衡在各个时期的简仪中有所不同，如晚期较为成熟的简仪上使用带十字丝的窥管。十字丝是两条相互垂直的金属，是后世望远镜中十字丝的鼻祖，对天体的观测可以更加精确。

赤道装置是简仪的主体部分，由两个相互垂直的大圆环组成。其中一个环面叫赤道环，平行于地球的赤道面，上面刻有坐标，可以用来读取数据。另一个环面是直立在赤道环中心的四游仪，是用来观测天象的关键部件，由赤经环和窥衡组成。赤经环是一个双重圆环，观测时先转动赤经环，再转动窥衡，使窥衡直接对准某个待测天体，然后就可以在赤道环和赤经环的刻度盘上直接读出代表这个天体位置的数值。这是我国最早发明的赤道装置，要比欧洲人使用赤道装置早500年左右。

简仪的校正装置指的是它的方正案。用简仪观测天体时仪器需要面对正北方，方正案就是用来校正南北方向的。

郭守敬创制的简仪是我国天文仪器制造史上的一次大飞跃，也是我国为世界天文学作出的重大贡献。简仪高超的设计水平及制造水平使我国古代测天仪器在世界上长期处于领先地位，对后世影响甚大。现代的大型望远镜、各类测天仪和航空导航用的天文罗盘等仪器上都可以看到简仪的影子。

简仪是凝结了中国古人智慧的发明创造，蕴含着中华民族积极进取、开拓创新的精神。我们身处开创中国特色社会主义新时代，迈向第二个百年奋斗目标的新征程上，更要从中华优秀传统文化中汲取精神给养，发扬敢为天下先的精神，锐意进取、奋力开拓，共同汇聚实现中华民族伟大复兴的磅礴力量。

捌

乌兰察布市

草原母亲

集宁战役纪念馆　王小凤

　　"额吉，今天我带着我的孩子来看您了。孩子你看，这就是妈妈常说的草原上的额吉。"一天，一位在草原上长大的上海孤儿带着孩子来到内蒙古四子王旗，看望她的妈妈——都贵玛。

　　1961年，都贵玛来到四子王旗保育院，经过简单的培训，就要去照顾刚刚从上海来到草原的孤儿们。而她当时只有19岁，也还是个孩子。但从那天开始，她就成了这些孩子的额吉。

　　都贵玛流过泪，为她不会照顾孩子。那天组织上给她送来了一个刚刚满月的孩子。从南方来的这个孩子又瘦、又小，由于适应不了草原的环境，又拉又吐。这可把都贵玛急坏了，每天除了换尿布、喂奶粉，还要带着孩子到处寻医治病。都贵玛用她的爱心、用她的辛劳，一天又一天，一年又一年，倾注心血温暖了孩子这个幼小的心灵。

　　没有了妈妈的孩子，就像羊群里走丢了的羊羔。冬天的草原，寒风凛冽。刚接来的六岁男孩总跟着她。

　　"阿姨，我害怕。""怕什么呀？"

　　"阿姨，我想妈妈了。""哎，可怜的孩子，不怕，我就是你的额吉，今天你跟我睡一个被窝，好吗？"

　　就这样，她成了男孩的额吉，每天把他搂在被窝里，给他哼唱蒙古族的歌谣。有一天，男孩睡着后喃喃道："额吉，额吉，我要额吉。""额吉在呢，额吉在呢。"都贵玛不禁流下了心疼的泪水。

有一天，一个牧民急匆匆跑来找她："不好了，我的老婆要生娃娃，都贵玛这可咋办？"她按着以前在旗医院学的方法，自此做起了兼职妇产大夫，迎接了许许多多新生儿的到来。

"奶奶，您可真棒，您怎么就会接生了呢？""孩子，草原那么大，又缺医少药，牧民们知道我在医院里学过，慢慢就都来找我了。"

"奶奶，您抚育了这么多孤儿，他们现在是不是常来看您？""是啊，前不久还有孩子带着她的孙儿来看我，她说我是老祖。"

如今，老人家都快80岁了，偶尔还去草原上放羊呢。我看着老奶奶，心里满是崇敬。她在比我还年轻的时候，就担起了国家给予的重任，把美好的青春奉献给了28个"国家的孩子"。她的爱流淌在这些孩子的血液里，她的故事传唱在辽阔的大草原上。她没有惊天动地的壮举，却用真情付出诠释了人间大爱。2019年，这位草原上的额吉，这位孤儿们心心念念的老阿妈，这位牧民们眼中的好医生，被国家授予"人民楷模"的光荣称号。

"草原母亲"都贵玛

乌兰察布市博物馆 张雅楠

你知道吗？在蒙古语中有一个美丽的词语"额吉"，是汉语"妈妈"的意思。今天我要为大家讲述的是来自乌兰察布四子王旗，用半个世纪的真情付出诠释了大爱无疆的"草原母亲"都贵玛的故事。

要讲述都贵玛的故事，就要从内蒙古接收3000余名南方孤儿的历史说起。20世纪60年代初，自然灾害让原本富庶的上海及江浙一带陷入经济困境，一时间福利院爆满，由国家扶养的数千名孤儿生存面临威胁。面对如此窘境，周恩来总理和时任内蒙古自治区党委第一书记、内蒙古自治区主席乌兰夫达成共识，决定将上海的孤儿都接到内蒙古，让牧民们来抚养。乌兰夫同志下达了"接一个，活一个，壮一个"的指示，要求确保3000余名孤儿一个不少安全到达目的地。在祖国最需要的时候，草原人民敞开了怀抱。这些孤儿被牧民亲切地称为"国家的孩子"。

1961年9月的一天，都贵玛被分配到乌兰察布四子王旗保育院，抚养旗里刚刚接收的28名"国家的孩子"。那一年，她19岁。她回忆说："当时28个孩子中年龄最小的才刚刚满月，年龄最大的也仅仅6岁，就像草原上的小羊羔一样。看着他们一个个饥饿的样子，我想草原能够让他们健康成长，然后就把他们带回了自家的蒙古包。但是照顾他们吃喝拉撒睡等我都不会，只能一步一步学。"自此这个未婚姑娘从喂饭、把尿做起，整日忙得焦头烂额，没有一句怨言。看着同龄人打扮得花枝招展，而自己却满身奶渍尿渍，她也只是淡淡一笑。有孩子生病了，她深夜独自骑马，冒着凛冽的寒风和被草原饿狼围堵的危险奔波几十里去找医生，又夜以继日地守在孩子身边，直到孩子康复才安心。都贵玛凭借过人的毅力和全身心的投入，克服了常人难以想象的困难，温暖了每一个幼小的心灵。在那个缺医少药又经常挨饿的年月，28名上海孤儿在都贵玛的精心呵护下熬过了草原上的风霜，抗住了北方的寒冬，都长得结结实实、健健康康，没有一个因病致残，更无一人夭折。这位草原额吉用自己的大爱创造了草原上的奇迹。

如今，这些工作在各个岗位上的儿女们仍然对都贵玛老妈妈有着说不出的依恋。28个孩子早已经成家立业，有了后代。都贵玛有了一个上百人、多民族的大家庭。都贵玛的感人故事在全国传颂，她先后荣获"全国三八红旗手""十杰母亲""人民楷模"等国家荣誉称号。

2020年1月，我初为人母，真切感受到了"妈妈"这个词语背后的辛苦与不易。一个母亲抚养自己的孩子是责任，一个母亲收养一个孤儿是善良，而一个草原收养了三千孤儿，应当说是一个民族的博爱。都贵玛的故事可以说是无数草原额吉的缩影。"国家的孩子"与"草原额吉"，共同书写了一个超越地域、血缘、民族的传奇故事。

敬业的力量

乌兰察布市博物馆 王浩宇

多年前，我还是一名报社实习编辑时，曾了解过这样一个真实的故事。20世纪60年代初，由于物资匮乏、食品短缺，3000多名上海孤儿被送到内蒙古大草原。当时一个年仅19岁的姑娘承担起照顾28名孤儿的重任，让这些孩子在草原上重获新生，在那个缺医少药的年代是一个奇迹。她一生没有自己的子女，但28名孤儿个个都是她的子女。孩子们长大后传承着她的品格，为社会贡献着各自的力量。她叫都贵玛，是乌兰察布四子王旗78岁的草原额吉。

数年前，曾有一位50岁的农妇带领全村乡亲种植大棚蔬菜。小学文化的她先后三次带领乡亲去外省学习栽培技术，回来之后反复测土，悉心培育，经过无数次失败后最终成功培育出无公害蔬菜，产品畅销全市甚至远销区外。记得在隆冬的蔬菜大棚里，她与我们围着土炉席地而坐，我问是什么力量让她立志带领全村乡亲脱贫致富。她迟疑了很久，只说了一句话："我是一名市人大代表。"她叫张效玲，一个怀揣梦想带领全村乡亲致富的普通农民。

如今，我是乌兰察布市博物馆的一名讲解员。我有一位同事，也是我的领导，他自20世纪80年代参加工作，如今已是花甲之年。从1982年凉城县的老虎山遗址发掘，到2016年化德县裕民遗址发掘，风餐露宿对于他来说是家常便饭。夏季顶着30多度的炎炎烈日，浑身汗如泉涌。冬季冒着零下20多度的刺骨寒风，手脚都冻得麻木。然而一个个寒来暑往，乌兰察布的考古成果被一次次刷新。他说当年参加工作时，总畅想着什么时候我们的考古队伍能更精锐？什么时候我们会建设一座现代化的家乡博物馆？什么时候我们能像剥洋葱一样不断揭开家乡的历史面纱？时间回答了这三个问题。今天的我们已经走得很远了，但是不该忘了当初是如何出发的。如果把数十年考古探索看作一个百米跑道，当年站上去的他又有着怎样的执着和敬业呢？他叫胡晓农，乌兰察布市博物馆副馆长。

党的十八大提出了富强、民主、文明、和谐、自由、平等、公正、法治、爱国、敬业、诚信、友善的社会主义核心价值观，短短24个字为我们描绘了祖国发展的美好蓝图。而祖国的未来更需要我们新一代年轻工作者继续奋进。

平凡而不平庸，精通而不普通。用文字记录事实，用声音传播历史。从此我找到了自己实现梦想的源泉。中国梦不是个人英雄主义，而是需要每一个人用朴实的行动激发出实现梦想的不竭动力。这种力量让人遇挫不折，不断战胜前进道路上的艰难险阻！这种力量催人奋进，让人兢兢业业，心无旁骛的攀登事业高峰！

我们有14亿可爱的同胞，我们共同肩负着民族复兴的使命。我们要在平凡的工作岗位上用自己的聪明才智和无私奉献去践行誓言，我们为敬业而骄傲，我们为奉献而自豪！

老虎山文化陶鬲

乌兰察布市博物馆　王浩宇

　　乌兰察布市博物馆有一件明星展品，是一件陶鬲，出土于内蒙古中南部的老虎山遗址。老虎山遗址位于乌兰察布市凉城县永兴乡北5公里的老虎山南坡上，距今已有4700多年历史。1982～1986年，内蒙古考古工作者对该遗址进行了发掘。

　　老虎山文化在乌兰察布的历史长河中显得尤为重要，它第一次将乌兰察布带到了文明的入口处。衡量文明通常要参考几个标志，包括国家的产生、文字的出现和城的形成等。老虎山文化有目前已经发现的乌兰察布最早的石城，虽然简易，但基本具备城的雏形，而这件陶鬲就是在石城遗址中出土的。陶鬲高18厘米、口径13厘米、腹径20厘米，呈现小口、宽腹、三足尖底的造型特征。其内部为空心，容积非常大，功能之一是烧水煮饭。那么问题就来了。在我们的认识中，锅至少应该是圆形。锅耳上系绳，再支起木架，这样才能下面生火、锅里煮饭。为何设计成鬲这种形状呢？（彩图九：2、3）

　　我们来看它的科学原理：首先，鬲为三足，由于三角形具有稳定性，因此无论在哪里烧饭，直接将其放下都可保持平稳。其次，鬲的三足膨胀内空，也称空袋足，大大增加了器物的容积和受热面积。鬲可以盛装的水，通常是与其同样直径大小的圆形锅的两到三倍。而根据测量结果，三个袋足的延展面积超过普通锅的两倍以上，能起到立体加热的功能，而且煮饭时不会出现食物下焦上生的情况。鬲的使用，真正达到了容积增倍又节约燃料的效果。

在远古时代，鬲的发明影响巨大，它也因此被誉为"炊具的鼻祖"。著名考古学家苏秉琦先生曾说："鬲的形制特异，为中国古文化的特有之物，在中国的古文化中存在长久而普遍，形制作风俱多变化，故可视为中国古文化的一种代表化石。"

从事文物讲解工作5年来，我见证了一位又一位观众由最初的疑惑到听完讲解后对祖先智慧的赞叹，他们都为身为炎黄子孙而感到由衷的自豪。

玖

鄂尔多斯市

穿越两千年的美——鄂尔多斯青铜饰牌

鄂尔多斯博物馆　白利文

美是人类永恒的主题，那么2000多年前的中国北方游牧部族是如何追求美、审视美的呢？接下来让我们一起聚焦鄂尔多斯青铜饰牌，感受鄂尔多斯地区刚柔并济之美！

饰牌的质地有金、有银、有青铜，但学术界统称为青铜器。饰牌多呈长方形，一左一右佩于腰间；大小不一，多数和我们现在使用的手机差不多。小小的饰牌，就是在这方寸间将大自然的力量与柔美展现得淋漓尽致。

力量是一种看不见摸不着的内在表现，饰牌会给我们带来怎么样的震撼呢？您看，这是一件虎牛咬斗纹金饰牌，画面以俯视的角度刻画了四只猛虎撕咬一头牛的场面。中间浮雕一只呈匍匐状的牛，牛头位于右前方，牛的四肢已被左右分开，牛两眼微闭、一副痛苦挣扎的表情。四只老虎则个个精神抖擞，从左右两侧压在牛的身上，死死咬住牛颈和牛肋。而奄奄一息的牛则用它那锐利无比的双角刺透了两侧猛虎的耳朵，努力做着最后的挣扎和拼搏。"弱肉强食，适者生存"，达尔文的生物进化理论在此刻表现得淋漓尽致。这小小的饰牌反映了中国北方游牧部族追求团结力量美的天性！（彩图一〇：1）

看完了力量，我们再来看柔美。您看，这件双禽交颈纹青铜饰牌，宁静的湖面上两只天鹅交颈相拥，尽情享受着太阳的温暖，品味着对方绵绵的爱意。这充满温馨浪漫的传神之作，瞬间让我们忘记了草原上的追逐杀戮，只感受到草原的和谐与柔美！（彩图一一：1）

经过2000多年力与美碰撞，中国北方游牧部族深知：开天辟地，刚之力也；水滴石穿，柔之力也。这是刚柔并济，更是生存之道！纵观历史，政权在这里交替更迭，在刚柔并济中融合与发展。您看，强大的匈奴能活跃于整个草原，力量是他们战胜对手与自然的有力法宝；而面对细君公主、解忧公主、王昭君等绝世佳人，他们又展现出柔美的一面。而青铜饰牌则作为载体，将一切尽收其中。

2020年，新冠肺炎疫情席卷全球。面对疫情，党中央果断决策，统一部署，制定了"刚性防控，柔性服务"的英明举措，"听党指挥，共同抗议"的旋律唱响了神州大地。集体减少人员流动，全民核酸检测……14亿中国人众志成城，创造了一个又一个世界各国认为的不可能。医务人员逆行出征，社区工作全方位服务，志愿者挺身而出，捐款捐物屡创新高……一桩桩柔性举措让疫情下的中国变得更柔美，更温暖。这是刚柔并济的魅力，更是中华儿女的民族情怀！这是柔中大爱，更是中国的力量！

"水尝无华，相荡乃成涟漪；石本无火，相击而发灵光。"小小的饰牌所折射出的刚柔并济的精神与灵魂，也将继续鞭策国人，直至实现根植于心的中国梦！

小饰牌　大情怀

鄂尔多斯博物馆　白利文

在鄂尔多斯博物馆馆藏2万多件/套文物中，让人印象深刻又让人深受感动的，首先要属这些小小的鄂尔多斯青铜饰牌。它究竟传达了怎样的信息呢？

我们将时间追溯到20世纪90年代，当时学术界出现了一个新名词——鄂尔多斯青铜器。这是因为在我国北方长城沿线出土了大量青铜器，又以鄂尔多斯出土最多、最为集中。这些青铜器按照用途被分为四大类，其中一类就是青铜饰牌。

现在我们看到的是一件三鹿纹青铜饰牌，长13厘米、宽6厘米。三只鹿挺胸，竖耳，形态各异。左边这只头部抬起，像在眺望远方；中间这只四腿直立，像是准备奔跑；右边这只则全身放松，像在悠闲漫步，好似在尽情享受着自然。鹿角与饰牌周围的树枝融为一体，但何为鹿角、何为树枝、何为树叶并不重要，和谐之美跃然于饰牌之上！寥寥数笔，工匠就将温和的小鹿与自然的和谐完美勾勒了出来！（彩图一一：2）

考古学家发现了大量这样的饰牌，一般都是成对出土。据考证，这些饰牌是2000多年前中国北方游牧部族所佩戴的饰品，一左一右挂于腰间，图案相同但方向相反。优美的造型，细腻的结构，给人以美的享受。最重要的是，匠人将草原上的飞禽走兽以及自己的认知与感受真实地记录在饰牌上，给我们呈现出了一幅幅鲜活的绿色生态画卷，展现了中国北方游牧部族与自然的完美融合！

回顾历史，天人合一、尊重自然的理念从未停止。周文王时颁布了世界最早的环境保护法令，规定"毋坏屋，毋填井，毋伐树木，毋动六畜，有不如令者，死无赦"。今时今日，污染是全球面临的严峻问题。水污染，空气污染，噪声污染，影响着人类文明的脚步，威胁着人类的生活起居。而您眼前这些小小的饰牌，让我们看到了尊重自然，顺应自然，和谐共生的美好！

"绿水青山就是金山银山"，我们要坚持人与自然和谐共生，要像保护眼睛一样保护生态环境，像对待生命一样对待自然环境，还生态以和谐、共融之美。

朋友们，小饰牌折射大道理，人与自然万物相依相生，只有和谐共生，才能让我们的文明更久远，历史更灿烂，文化更辉煌。保护环境，从我做起，从今天做起！

全能教师鹦鹉螺

鄂尔多斯博物馆　贾婷婷

各位"魅力研学"的同学们，大家好！欢迎来到鄂尔多斯博物馆古生物展厅。今天要给大家上课的人不是我，而是我身后的这个小家伙——鹦鹉螺。首先我们来看一下它的长相。鹦鹉螺的长相和乌贼有些相似，乌黑的眼睛，柔软的触手。成年鹦鹉螺外形酷似一个卷曲的贝壳，一般只有20厘米，大约一个饮料瓶的大小，因为整个外形酷似鹦鹉嘴，故此得名"鹦鹉螺"。

大家可不要小瞧它，它可是位优秀教师。为什么这样说呢？数学公式我们经常见，但你在动物身上见过吗？火箭升空你见过，但你知道它是如何升起的吗？潜水艇我们都知道，但你知道它是怎么控制上浮下潜的吗？这些都能在鹦鹉螺身上找到答案。

鹦鹉螺外壳上的螺纹是它给人类上的第一节数学课——数列。鹦鹉螺的外壳坚硬而又美丽，有许多螺纹。一些乐于探索的数学家突发奇想，开始数鹦鹉螺外壳的螺纹有多少条，数完了又开始量每条螺纹有多长，这一量不要紧，他们发现每条螺纹的长度竟正好是前两条螺纹的长度总和。这个发现给数学家们极大的启发，在此基础上经过多年的研究推算，著名的斐波拉契数列诞生了。现在，火箭发射时的推进速度、我们的住房贷款利息都是在数列的基础上进行计算的。怎么样同学们，我们也数一数鹦鹉螺的螺纹吧，说不定下一个成为数学家的就是你。

鹦鹉螺为人类上的第二节课是美术课。我们看到的是古代盛酒的鹦鹉杯。

唐朝人尤其喜欢用鹦鹉螺的外壳来制酒杯，不光是因为它好看独特，更是因为民间流传着一句话："鹦鹉杯中的酒是倒不完的。"诗仙李白曾用"鸬鹚杓，鹦鹉杯，百年三万六千日，一日需倾三百杯"来形容鹦鹉杯内的酒一天三百杯都倒不完。这句话虽然是古人夸大了，但并不是没有理由的。鹦鹉螺壳内部有许多的小壳室，鹦鹉螺死后，这些壳室之间的隔板会产生裂缝，从而将整个鹦鹉螺内部连在一起。倒酒时由于受壳内气压的影响，每次都只能倒出一点，所以给人的感觉是鹦鹉杯中的酒怎么都倒不完。鹦鹉杯的美丽让人惊叹不已。不仅于此，现在的绘画、生活用具、雕塑、建筑都能看到鹦鹉螺的身影，它在历史上留下了浓墨重彩的一笔，也在为21世纪的我们提供着源源不断的灵感。

在你震惊之余，鹦鹉螺又给人类加了一节物理课——气压。刚才我们介绍过，鹦鹉螺体内有许多隔板，隔板里面其实有许多的气管，它主宰着鹦鹉螺在水中的沉浮。当鹦鹉想要浮到海面上时会借助气管排空体内的水，想要下沉的时候又会吸满水，鹦鹉螺是最早学会运用气压的动物。人类从鹦鹉螺上浮和下沉的方法中得到启发，在1954年造出了人类第一艘潜水艇，命名为"鹦鹉螺号"。潜水艇的出现让人类向着科技发展迈出了重要的一步。

小水滴折射大人生，小眼睛看出大世界。谁能想到，小小的鹦鹉螺能为人类的科学进步作出如此多的贡献。作为一名青年讲解员，作为全国五千多家博物馆数十万名讲解员和志愿者中最普通的一员，我也想用自己小小的力量去讲述、去传播博物馆文化。这是我们青年一代的梦，也是我们必将实现的梦。

阳湾房址

鄂尔多斯博物馆　贾婷婷

各位观众朋友们，我们现在位于鄂尔多斯博物馆古代史展厅，展现在大家眼前的就是6500年前的阳湾遗址，也是鄂尔多斯农耕部落的住所。家是心灵的港湾，家亦是人生的避风所，正是这处略显简陋的房子，给了我们鄂尔多斯人最早的家。（彩图七：2）

阳湾遗址位于准格尔旗哈岱高勒乡，占地2万多平方米，共发现房址30座，灰坑9个，围沟2条。看到阳湾房址的人首先会被它地下的大坑所吸引，有人曾打趣道："古人原来也有负一层啊。"其实并不是的。可别小瞧这地下的大坑，这可是整座房址的关键所在。

6500年前的阳湾人已经脱离了依靠自然山洞或简单窝棚度日的阶段。他们首先砍伐倒周围的树木、杂草，平整出空地，然后娴熟地利用石铲、骨铲等掘土工具，在地上挖出平面呈方形或略呈长方形的地穴，在朝阳的一方开一个通向室外的斜坡门道，这样可以最大限度接收太阳光的照射。此后把地穴部分的四壁修理平整并抹上一层泥，再架上火烧烤，这样既可以增加壁面和地面的硬度，也能起到一定的防潮作用。

他们砍伐粗大的圆木竖立在地穴内作为房子的主要承重柱，放到现在来说就是我们房子的承重墙。在地穴四壁的外围栽一周较细的木棍作为龙骨，然后内外都抹上一层泥巴，形成所谓"木骨泥墙"式的墙壁，房顶再架上树枝和柴草。为了室内的通风和采光，还在顶上开一个天窗。房子的门道可以避免雨水直接进入室内，冬天还可以缓解冷空气直接侵入。考古学上把这种形式的房子称为"半地穴式建筑"，与早先营建的"地穴式建筑"相比，不仅建造技术难度大大提高，而且在房子的主体部分由地下逐渐向地上发展的过程中，房子内部的采光、通风等居住条件都有了极大的改善。

6500多年前的鄂尔多斯是典型的森林草原景观，山顶上森林茂盛，山坡上灌木丛生。阳湾居民以家族为单位集中居住在一起，他们选择靠近水源、背风向阳的山谷坡地作为自己的营地。营地中心是德高望重的家族族长的住房，这里不仅是他们的居室，也是家族聚会、议事的场所。其他家族成员的住房面积都较小，分布在族长住房的周围。由此慢慢形成了当时规模最大、人口最多的部落，生产力、劳动力富足的阳湾人开创了鄂尔多斯历史上第一个农耕部落。

中国古建筑在世界上独树一帜，和欧洲建筑、伊斯兰建筑并称为世界现存的古代三大建筑体系，正是因为我们的先人率先建造出了房子，才奠定了基础。

习近平总书记曾提出，"让收藏在禁宫里的文物、陈列在广阔大地上的遗产、书写在古籍里的文字都活起来"。文物只有还原了样貌才能神采奕奕，才能活灵活现。这是我们新一代博物馆工作者未来的任务，也是坚定不移的信念。

青铜杖首

鄂尔多斯青铜器博物馆　李俐

鄂尔多斯青铜器大多为实用器，按其主要用途可分为兵器、生产生活用品、装饰品、车马具，但是还有一部分器物超出了实用范畴。今天我们就来了解一类具备神权、宗族权，代表权利地位的特殊器物——青铜杖首。

鄂尔多斯青铜器中的青铜杖首，大多数装饰伫立的羚羊、卧马、狻猊等动物造型，动物脚下设有或圆或方的管状銎，方便装在杆顶或是杖端，人们也把这类器物称为"杆头饰"。据民族学研究，北方游牧部族崇拜大自然中的生物，将它们视为图腾，依仗它们的神力保佑族群的平安。而将崇拜物形象装饰于杆顶或杖端，则是图腾崇拜的一种表现形式。一方面，它是由图腾柱古俗衍生出的一种更适宜游牧生活的习俗。另一方面，它将祖先崇拜、神灵崇拜与地位、身份相结合，使其成为权利的象征。我们现在看到的这一类动物形青铜杖首，就是具备权利和地位标识功能的权杖的杖首。

我们来看鹤头形青铜杖首。它整体呈鹤首形，长喙，圆眼，中空。从外形上看，与我国古代的鸠杖十分相似。（彩图一二：1、2）

"坐看溪云忘岁月，笑扶鸠仗话桑麻。"这是明清时期给老人做寿时用的一副寿联。其中的"鸠仗"是中国古代非常特殊的一种器物。汉代学者应劭在《风俗通义》中有这样一段记载：汉高祖刘邦在和项羽的一场战争中大败，项羽乘胜追击，在万分危机的情况下，刘邦躲藏在灌木丛中，当时正好有一只斑鸠鸟落在他身后的树上，而且不断发出鸣叫。项羽的追兵赶到，理所应当的认为树下无人，否则斑鸠鸟不会自由自在的鸣叫。由于斑鸠的庇护，刘邦得以脱险。刘邦称帝之后，为了纪念这只不同寻常的鸟，下令工匠按照斑鸠鸟的形象制作了鸠杖，用来帮助行走不便的老人。而《后汉书》更是明确记载："仲秋八月，年七十者，授之以王杖，……端以鸠鸟为饰。鸠者不噎之鸟，欲老人不噎也。"也就是说，相传古代有一种鸟叫作鸠，它是鹤的一种，这种鸟在进食的时候不会被噎到，因此朝廷在每年八月授予70岁以上老人鸠杖，以祝老人健康长寿、长命百岁！在赐杖之前，地方官员要对本地的老年人口进行统计，上报朝廷。这里有个有趣的现象，就是各地在统计老年人口时几乎都有造假现象，而皇帝却对此持以默许态度。这其中的原因不难理解。一方面，高龄人口的虚增并不影响国家的赋税和徭役。另一方面，社会上多有高寿者不仅代表皇帝政绩卓越，更是预示国运昌隆、长久太平。这种习俗一直延续到了明清时期。乾隆五十年，皇帝"开千叟宴于乾清宫，预宴者三千九百余人，各赐鸠杖"。也就是说给3900多人颁发了代表老年人福利的鸠杖，也就是当时的"老年证"了。

青铜杖首作为中国北方式青铜器的一个缩影，不仅代表了北方游牧部族开放包容、崇拜自然的传统习俗，更深刻体现了中华民族尊老、重老、敬老、孝老的优秀精神内涵。党的十九大报告明确提出要"构建养老、孝老、敬老政策体系和社会环境"。敬老文化作为中华民族的优秀精神传承，具有十分重要的意义。

神秘灿烂的朱开沟

鄂尔多斯青铜器博物馆　李俐

剥开4000余年的历史风沙，窥探游牧部族的文化兴起之地；追溯畜牧文明的雏形，触探人类文明璀璨夺目的一页。欢迎走进神秘灿烂的朱开沟。

在内蒙古自治区鄂尔多斯市伊金霍洛旗纳林塔乡东北角，有一个由3户农家组成的自然小山村——朱开沟村。居住在这里的人们，祖祖辈辈都是靠步行或骑小毛驴出行。然而这个深山小村的宁静在1984年的夏天被彻底打破了，以这个小山村所命名的朱开沟文化横空出世，引起了国内外专家学者的广泛关注。原来，考古工作者在这个名不见经传的小山村发现了一处尘封4000多年的古人类居住遗址。它的发现不仅填补了鄂尔多斯地区夏商时期考古文化的空白，同样揭开了中国北方地区最为兴旺发达的古代文化的神秘面纱。

鉴于朱开沟遗址的重要性，内蒙古考古工作者自1977～1984年对遗址进行了4次发掘。发掘面积约4000平方米，共发现房址83座、灰坑207个、墓葬329座，出土陶器500余件，石器、骨器和青铜器800余件，还出土了一柄看似毫不起眼、实则大有来头的青铜短剑。据专家考证，这件直柄青铜短剑的铸造年代约在商代早期，比中原地区最古老的青铜剑还要早300年，因此它也被称为"华夏第一剑"。

通过对朱开沟遗址文化特征进行分析，考古专家将其分为五段，其中第三段到第五段称为朱开沟文化，时间相当于夏末商初。当时中国北方西部地区的气候逐步向冷干方向转化，农业发展受到限制，居住在这里的早期北方游牧部族无可奈何地踏上了漫漫迁徙之路，去寻求新的生存空间。而朱开沟人和他的后继者们则凭借着发达的原始手工业和超凡的智慧，在农业发展受到限制时转变经济形态和土地利用方式，不断加大对牛、羊等草食类动物的饲养程度，经济形态逐步过渡到半农半牧的状态。

我们来看这件蛇纹鬲，它是朱开沟文化的典型器物之一。陶鬲为古代陶制炊具，其形状多为侈口、圆腹、三个袋状足，使用时在三个袋状足下直接燃火煮食。此件蛇纹鬲颈部有双耳，鬲身大部装饰细绳纹和所谓的蛇纹。装饰蛇纹的主要原因是北方游牧部族信奉萨满教。萨满教中有这样一个传说：天有很多层，每一层都住着神仙，但天的每一层之间都是不相通的，而蛇可以通过打洞使天的每一层相通。所以在萨满教中蛇是可以通天的神兽，是百虫之首。在鄂尔多斯青铜器中出现了大量蛇纹造型，反映了当时人们对天和蛇的敬畏。从朱开沟文化开始，越来越多制作工艺精美的鄂尔多斯青铜器开始出现。

朱开沟文化不仅是鄂尔多斯文明发展史上的里程碑，更是北方游牧部族从蛮荒走向文明的重要标志。民族文化是民族凝聚力和创造力的源泉，推动民族文化繁荣发展对深化民族间的交流与融合意义非凡。

家国情

城川民族干部学院　其格勒

这是我的一张工作照，当时我正在向学员讲述革命英烈巴增秀的故事。想一想，我和她之间其实有很多相似的地方。比如说，她曾是延安民族学院的一名学员，而我现在是城川民族干部学院的一名教员；她给乡亲们讲抗日救国的道理，而我向来自全国各地的党员干部讲述红色革命历史。不同的是，她在历史的那头，而我在这头。

巴增秀出生于内蒙古包头，小的时候因为一场眼疾致使左眼失明。有一天，巴增秀正在上课，几个日本特务突然闯了进来，绑架了师生，抢走了教具，还一把火烧尽了建校200多年来所有的档案。巴增秀倍感亡国之屈辱，心中燃起了复仇的怒火，她决心奔赴延安，投身革命。

1941年，巴增秀加入了中国共产党，被派遣到大青山抗日前线开展革命工作。在大青山井儿沟，她走进一个个隐蔽的土窑，挨家挨户动员组织群众坚持斗争，进行生产自救。

1942年，日本侵略军发动了对大青山抗日根据地最大规模的扫荡活动。一天晚上突发军情，需要巴增秀带领乡亲们向山上转移，而此时的巴增秀已怀有8个月身孕。山路崎岖，行走困难，每向前一步，她的腹部都会阵阵剧痛。她想着孩子可能是要出生了，但自己身上还背负着许多百姓的性命，所以她咬着牙坚持，直到腹痛难忍倒在地上。孩子早产了，而巴增秀也因为大出血生命垂危。弥留之际，她颤巍巍地从口袋里掏出最心爱的钢笔交给战友：

"我入党不到一年，没有为党作多少贡献，请把这支钢笔交给组织吧。"说完她永远的闭上了眼睛，牺牲时才26岁。那一天，她没来得及见心爱的丈夫最后一面；那一天，她刚成为母亲就永远离开了自己的孩子。

当听到有学员发出哽咽的声音，我明白大家都被巴增秀舍小家顾大家的家国情所感动了。作为一名红色历史的讲述者，能够感染并激发起更多人内心深处强大的民族自豪感，这正是我工作的动力。

今天，我们不是生活在了和平的年代，而是生活在了和平的国家。正因为有无数和巴增秀一样为大国尽大义、弃小家忍己欲的民族脊梁执着奋斗于平凡的岗位，我们才能安享太平。

回首新中国的历程，从激情燃烧的建设年代到凯歌以行的改革时期，亿万人民用勤劳、智慧和勇气，迎来中华民族从站起来、富起来到强起来的伟大飞跃。战洪水、防非典、抗地震、斗疫魔……一路披荆斩棘，蕴藏着中国人民团结奋进的精神；大坝矗立、高铁飞驰、巨轮远航、探天潜海……一路跋山涉水，包含着中华儿女众志成城的意志。家国情怀，始终是中国人心中鲜明的底色，始终是我们风雨无阻向前的动力源泉。我们每个人都深深懂得，只有国家富强、民族振兴，人民才能幸福。

走了这么久，最终还是要离他们的牛最近

城川民族干部学院 其格勒

大家好。首先让我们通过一段视频进入今天的故事。视频中白发苍苍的老人叫寒春，85岁生日那天，她拉奏了这一曲最喜爱的《东方红》，眼角泛起了泪光。

寒春，美国核物理学家，获得中国绿卡的第一人。她的丈夫阳早则是联合国救济总署专家。他们享受副部级待遇，却一直住在破旧的平房里；他们身为美国人，却为中国的奶牛和农业机械化事业奋斗了终生。他们被中国人民誉为白求恩式的国际共产主义战士。

1945年，美国在日本投放了原子弹，当黑色蘑菇云腾空升起时，寒春不禁感慨这是人们的骨头和血肉。她意识到自己热爱的核物理是在为美国制造杀人武器，她的"纯科学"梦想破灭了。而另一方面，阳早亲眼所见"小米加步枪"的人民军队打败了胡宗南20余万人的国民党机械化部队，这不可思议的事实让他坚信中国共产党会取得胜利。他们决定留在中国。

在中国，夫妻二人以养牛为事业，为了让新中国的儿童喝上纯净牛奶健康成长，几十年如一日的坚持在生产一线。寒春设计的卧式直接冷却奶罐达到国际先进水平，填补了国内技术空白。他们培育的荷兰奶牛以优质、纯净、低耗、高产而闻名全国，2001年每头牛的产奶量达9088公斤，居全国之首。他们堪称"中国奶牛业的袁隆平"。

2003年12月25日，阳早离开了为之奋斗终生的事业。他生前留有遗嘱：

死后不举办任何活动，捐献遗体，骨灰用最简单的办法处理。寒春同意将陪伴阳早20年的心脏起搏器摘下。她说："这个可以给那些买不起起搏器的人。"有知道这件事的人说她是个铁石心肠的老太太。可他们不知道，在丈夫生命最后一刻，夫妻之间是有段对话的。寒春含泪问："你还有什么不放心的？"阳早说："你把这群牛管好，我就放心了。"2010年6月8日，寒春病逝，享年89岁。伴着寒春生前最喜爱的一曲《东方红》，亲人们将两位老人的部分骨灰撒向城川三边牧场辽阔的草原，让他们回到了挚爱的牧场。"饮黄河水，六十年追求无悔；酿世界情，放牧东方而不归。"

我们怀念他们，不仅是因为他们为中国发展作出的贡献，更因为他们留给我们深深的感动以及由这份感动带来的责任。今天，当新冠肺炎疫情在世界各地蔓延时，中国同样发扬着国际主义精神，主动融入世界防疫战，为世界安全保驾护航。这就是中国构建"人类命运共同体"的决心，这就是中国推动人类发展的大国担当。中国梦是和平、发展的梦，是合作、共赢的梦，更是奉献世界的梦。

包金卧羊带具

鄂尔多斯青铜器博物馆　王丹

中国古代北方游牧民族相信灵魂不灭，所以在下葬的时候会将死者生前使用的大量日用品一同陪葬，想让死者在另一个世界继续使用。先民高超的匠心技术，使得这些器物反映出创作者强烈的个人审美风格和时代特征。当这些承载了历史的文物与我们再见面时，我们可以通过它们了解当时的社会现状和人们的审美情趣。

现在我们看到的是鄂尔多斯青铜器博物馆的馆藏国家一级文物包金卧羊带具，1979年出土于准格尔旗西沟畔村的汉代墓葬。一套两件，分别由带饰和带扣组成，带饰长11.7厘米、宽7厘米、厚6厘米，带扣长9厘米、宽5.3厘米、厚1厘米。（彩图一〇：2）

带饰采用高浮雕与圆雕相结合的造型技术，用金片锤揲成盘角卧羊形图案。盘角羊安详静卧。回首直视前方，盘角贴于头部两侧，角尖回转，四肢内曲呈卧状。羊身周围有卷云纹图案，线条极其流畅。铁质后背较为平整，曾经是有钩纽的，但在发现的时候已经残缺。

带扣作竖长方形环状，用金片锤揲出卷云纹图案。扣合时带饰背部的钩纽搭入带扣的狭长孔内，两个羊头相抵，好似在嬉戏玩耍。整套带具造型优美、栩栩如生。饰牌的主体画面和造型风格，既是草原自然景观的真实再现，更向我们展现了当时匠人的高超技艺，同时也体现了中国古代北方游牧民族文化。

　　近些年，鄂尔多斯市出土了大量青铜器文物。我们发现，鄂尔多斯青铜器中的饰牌有明显的动物纹饰风格，其线条的纹路也形成了强与弱的对比，人们从这些作品中发现了其他任何作品所不能代替的美。动物纹饰是中国古代北方游牧民族最重要的造型艺术内容之一，也是青铜饰牌形式上最主要的特征之一。

　　造型艺术与一个民族的风俗习惯、观念、意识、宗教信仰、审美情趣都有着密切的联系，它是表达民族精神与民族文化的重要载体。创造者们把他们对生活的感悟用生动简约的艺术手法表现在这些饰牌上面，展现了中国古代北方游牧民族的豪迈、洒脱、热情、奔放。

　　一个时代有一个时代的艺术，一个时代有一个时代的精神。文化是一个民族的"魂"与"根"。习近平总书记曾经说过："中华文化既是历史的、也是当代的，既是民族的、也是世界的。"只有坚定文化自信，才能既不忘本来、各美其美，又能吸收外来、美人之美，更能面向未来、交融整合。这套包金卧羊带具向世界展示了古老中国兼容并蓄的文化魅力。

　　文化自信与民族精神是互促共生的关系，"中华文化独一无二的理念、智慧、气度、神韵，增添了中国人民和中华民族内心深处的自信和自豪"。唯有坚定文化自信，光大民族文化，彰显民族精神，我们才能真正屹立于世界民族之林。

人骑骆驼纹柄青铜镜

鄂尔多斯青铜器博物馆　王丹

对于逐水草而居的中国古代北方游牧民族而言，平静的水面就是日常生活中最好的镜子，所以他们所使用的铜镜装饰性大于实用性，多是将生活场景或是具有图腾精神的动物装饰在镜子的柄部。

现在我们看到的是鄂尔多斯青铜器中的人骑骆驼纹柄青铜镜。这枚铜镜是东周时期的器物，通长11.8厘米，镜面直径7厘米，厚1厘米。铜镜柄部的雕刻手法十分精湛，以线雕、浮雕和镂空锻造为主，将人骑骆驼行走在沙漠的形象刻画得非常细腻生动。（彩图一二：3）

铸镜者通过细致的观察，用高超的技艺在这枚铜镜上刻画出了绵延数千里的瀚海奇观：驼队是万里丝路中唯一移动的风景，叮当的驼铃奏响的是雄伟壮阔的文化交流融合进行曲。这枚铜镜，无论是从铸造工艺还是从人骑骆驼的纹饰来看，都为我们再现了草原丝绸之路的历史印迹。

在青铜时代和早期铁器时代，草原丝绸之路是东西文化交流的主要通道，因为以金银为主要交换媒介，因而这条路又享有"黄金之路"的美称。除了金银器之外，铜镜也是主要的出口货物，中国古代北方游牧民族铜镜上的纹饰更是深受西方人的喜爱。在相当长的一段时间里，西方人都把"中国风"视为一种时尚。

频繁的商贸活动极大丰富了欧亚草原各地区人民的物质文化生活，促进了各地区的物资交流和经济往来，带动了各地区手工业、交通运输业、饮食服务业以及城市建设的发展，对于各地区人民加深了解和友好交往也具有积极的意义。

"一滴水里观沧海，一粒沙中看世界。"2020年国家文物局主办"丝绸之路周"活动，这枚铜镜受邀参展。在众人感慨这枚铜镜的铸造工艺和草原文明结合的精妙之处时，我们更多领悟到的是东西方物质文化和精神文化的交流融合。

文化架桥，有利于求同存异。正如习近平总书记所说："推进人类各种文明交流交融、互学互鉴，是让世界变得更加美丽、各国人民生活得更加美好的必由之路。""古人不见今时镜，今镜曾经照古人。"这枚小小的铜镜，不仅见证了历史的变迁，也见证了东西方文化的交流融合。

天空中的霸主——巨脉蜻蜓

鄂尔多斯博物馆　王东红

蜻蜓吃青蛙你相信吗？大家也许会被我这个问题震撼到，蜻蜓那么小，青蛙吃蜻蜓还差不多。在了解鄂尔多斯石炭纪之前，要是有人这样问我，我肯定会笑他缺乏常识，但如今我可以肯定地告诉大家，蜻蜓确实能吃下青蛙，只是此蜻蜓非彼蜻蜓。

接下来，请大家跟我到数亿年前石炭纪的鄂尔多斯一探究竟。

当时的造山运动使鄂尔多斯地区出现了稳定的沼泽森林环境，到处都是茂盛的森林。像小飞机一样的巨型蜻蜓依附在粗壮的鳞木上，它是这个时期天空中的霸主，也是世界已知最大的昆虫，叫巨脉蜻蜓。我们现在看到的这个模型是按照1∶1的比例制作的，它的体长是现在蜻蜓的10倍，翼展有70多厘米，随便挥一挥翅膀就能带走成片的树叶。（彩图七：1）

讲到这里大家是不是很好奇，巨脉蜻蜓的身体为什么这么大呢？造成巨脉蜻蜓身体巨大的原因有两个：

一是巨脉蜻蜓的食物非常特别，以我刚才提到的青蛙等两栖类和鱼类为主。巨脉蜻蜓的口器十分发达，能迅速切割吞食猎物。

另一个至关重要的原因是空气中的含氧量很高。在数亿年前的石炭纪，地球上的植物覆盖率非常高，大气中的含氧量达到35%，是现在大气含氧量的两倍，可以说遍地都是天然氧吧。由于巨型蜻蜓是利用腹部的气门和延伸的器官来进行呼吸的，含氧量的飙升会加速呼吸和代谢，加上充足的食物，它们的体型就开始肆无忌惮地扩张，最终定格在和氧气相适宜的大小。当时并不是只有巨脉蜻蜓长这么大，比如蝎子的体长能到1米左右，蜈蚣就更不要说了，像小火车一样，所以石炭纪是一个大昆虫时代。幸亏当时没有人类，要不然生存环境也是极其恐怖的。

巨脉蜻蜓之所以能称霸天空，头部上方的复眼也是它的一大利器。它每一只复眼上有近3万个小眼睛，可以在不转头的情况下看到身体的各个方向，还能判断移动物体的速度。除了发达的口器和特殊的眼睛外，进化的翅膀让巨脉蜻蜓上升了一个维度，当其他物种只能在水中厮杀、陆地上拼咬的时候，巨脉蜻蜓挥动着灵动的翅膀飞上了天空。它的翅膀分为四片，可以独立震动，它可以向前飞、向后飞、上下颠倒飞，还可以急转弯。

现在的蜻蜓虽然体型较小，但依然保留了巨脉蜻蜓的飞行模式，人类正是受到蜻蜓飞行模式的启发才创造了直升机。人类还模仿蜻蜓的复眼功能制造出了"相控阵雷达"，未来复眼功能还可能应用于智能机器人、无人驾驶汽车等领域。

巨脉蜻蜓生活的石炭纪对鄂尔多斯乃至全世界来说都有非常重要的意义，地球上许多大型煤田都是那个时候形成的。像鄂尔多斯准格尔煤田和桌子山棋盘井煤田都形成于石炭纪。如今鄂尔多斯已探明煤炭储量为1676亿吨，占全国的1/6。

讲到这里，大家是不是感叹大自然给予了我们人类太多的财富。仔细想一想，今天部分物种的灭绝，一些地区资源的枯竭，也正是在告诫我们，一定要合理保护动物，理性开发资源。正如习近平总书记所说："生态兴则文明兴，生态衰则文明衰。"

拾

巴彦淖尔市

蒙古族服饰——腰带

内蒙古河套文化博物院　包赛汗

蒙古族已婚女性为什么不系腰带？

铁木真和扎木合结拜时为什么互换的是腰带？

成吉思汗在祭拜不峏罕山时为什么会将腰带取下置于颈部？

接下来我将为您一一解答。

服饰文化是蒙古族文化中最引人注目的亮点之一。粗犷古朴之中又不失华贵的气息。腰带作为服饰的一部分，在辅助使用和装饰功能上都有不容忽视的作用。

蒙古族系腰带的习俗源于游牧生活。据《马可·波罗游记》所载，"当时的蒙古族缠紧腹部，绑好头部在草原上快马加鞭"。蒙古族是马背上的民族，腰带的作用在于防风抗寒，骑马持缰时又能保持肋骨的稳定、垂直，从而保护腰部，使五脏不受伤害。

蒙古族系腰带有男女之分。男子穿蒙古袍时必须束腰带，并习惯把袍襟向上提，束得较短，以便于骑马。已婚妇女除骑马外，一般情况下不束腰带，因此蒙古族称妇女为"布斯贵"，意为"不束腰带的人"。未出嫁的姑娘跟男性一样必须束腰带，而她们束腰带时习惯把袍襟向下拉展，以体现出身体的曲线美。

腰带不仅仅有这些实用功能，同时还是一种美好象征和一种精神寄托。据《蒙古秘史》记载，铁木真方下不峏罕山，椎其胸曰："将不峏罕合勒敦山，每朝其裼之，每日其祷之，我子孙之子孙其宜省之。"言讫，向日，挂其带于颈，悬其冠于腕，以手椎膺，对日九跪，洒祭而祷祝焉。这段话的意思是，铁木真刚刚从不峏罕山下来，拍着胸说："我的性命被不峏罕山救了，这山我今后要经常祭祀，我的子子孙孙也要祭祀，每天向它祷告。"说罢，他对着太阳把系腰的带子挂在脖子上，把帽子挂在手上，抚胸跪拜了九次，把马奶酒和其他祭品都祭撒了，然后虔诚祷告。这段描写生动地说明了祭祀理由和过程。腰带是蒙古族男人尊严的象征，一般情况下是不能解下来的，解下来说明这是一个非常重要的场面。铁木真祭祀时解下腰带，表现了他对山神的虔敬。

铁木真还有一次解下腰带是在与扎木合结为安达时。他们不仅将最重要的马匹送给对方，还互相交换了腰带。此时腰带代表了男人的信任与誓言。

蒙古族腰带象征着团结、尊敬、信任，是蒙古族传统服饰文化中的瑰宝！

方言俗语话河套

内蒙古河套文化博物院　陈进

唐代诗人贺知章于耄耋之年告老还乡，见物是人非，不禁吟诵"少小离家老大回，乡音无改鬓毛衰"。可见乡音是一枚镌刻在我们身上的独有印记，生生不息，根脉相传。他是来自故乡的慰藉，是地域文化形成的底色。

河套方言属于晋语，其形成与明、清及民国时期的晋人走西口有关。作为各种民族语言中的"特种口语词汇"，方言俗语算得上是语言文化的"活化石"，包括口语性成语、惯用语、歇后语、谚语、俚语等。河套方言俗语更是以其灵活多样的形式，率直幽默的口吻，记述民俗风物、表达思想情感、收纳民间智慧、采集地域精华。

孕育河套方言的这片土地素有"塞上米粮川"之称，所谓"黄河百害唯富一套"。土生土长的河套人都知道这样一句话——"棒打兔子瓢舀鱼，灶火圪崂捉沙鸡。"这里所说的兔子、鱼、沙鸡都属野生。只言片语，便为我们展现出"天赋河套"的大美画卷。

《吕氏春秋·本味篇》载："饭之美者，玄山之禾。不周之粟，阳山之糜。"其中的"阳山之糜"就是指产于阴山河套的糜子。可惜随着时间流逝，曾经的河套美味"糜米饭"被定格在了那句河套俚语中——"米汤泡饭，一吃一个肉蛋。"是说人们在吃糜米饭时还要泡上煮饭的米汤，以此增添糜米的香气和风味。

河套小麦驰名中外。盛产优质小麦的河套地区还有这样一句俗语——"吃

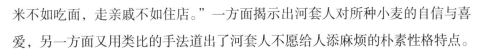

米不如吃面，走亲戚不如住店。"一方面揭示出河套人对所种小麦的自信与喜爱，另一方面又用类比的手法道出了河套人不愿给人添麻烦的朴素性格特点。

除了以上反映河套丰饶物产及人民饮食偏好的方言俗语，河套人民还总结创造出了许多警醒后人、美化心灵的"语言良药"。比如"人活脸，树活皮，墙头活的一把圪渣泥"。土是土了点，俗是俗了点。但河套人真诚、厚道、注重个人名誉的性格特点被突显了出来。而类似顺口溜的句式，在幽默、放松的气氛下，其实已经对受众进行了思想品德的宣导与塑造。

随着时代的发展与变迁，历史积淀下来的河套方言俗语正在慢慢流失，越来越多的河套儿女已说不出、听不懂、用不上纯正的河套方言。或者是觉得土、俗，羞于出口；或者是漂泊他乡，渐渐淡忘。我们在奔波忙碌中找寻地域文化自信，却忘记了方言就是那告知我们"从何处而来"的文化源头。

河套方言俗语蕴含着河套地区千百年来的文化积淀，是地域民风民俗得以传承的重要载体。作为河套文化的传播者，在讲好普通话的同时传承河套方言，我们责无旁贷！

乌拉特草原上的"赛音察戈答"

内蒙古河套文化博物院　　陈进

在辽阔的乌拉特草原深处，常年奔波着一位脚踏摩托车、肩披毛褡裢的人民警察。他管辖的社区，面积1672平方公里，户籍人口8000多人，因此他也是全国管辖面积最大的社区民警。从警23年来，他累计走访群众10万多人次，更换过8辆摩托车，行程130万公里，相当于绕地球33圈。他就是全国公安系统一级英模、内蒙古乌拉特后旗潮格温都尔镇派出所教导员兼第一社区民警——宝音德力格尔。

宝音德力格尔，1974年出生于乌拉特后旗获各琦苏木一个贫寒的牧民家庭，父亲早逝，母亲含辛茹苦拉扯兄妹8人长大。生活的磨砺、邻里的相助让宝音懂得感恩与回报。从1997年穿上警服的第一天起，他就默默立誓，要一辈子为牧民办好事、解难事，豁出命来也要对得起这身警服。

从警23年，宝音德力格尔为牧民办了多少好事、实事，恐怕没有人能说得清楚。五保老人忽热乐陶高腿摔断了，是宝音雇车送他到旗蒙医院，并垫付了2000多元住院费。低保户祁庭和的母亲已79岁高龄，生活困难，宝音每月从工资中拿出一部分钱送去，直到老人去世后，子女们给派出所写了一封感谢信，大家才知道这件事。

一山之隔、百里之外的乌拉特草原牧区物资匮乏，信息闭塞，牧民的日常生活采买及信件往来十分困难。细心的宝音到邮政局申办了第48号邮箱，专门为牧民代邮代购。这么多年来，他每次下牧区，褡裢里总是塞得满满当当。宝音成了邮政局的义务邮递员，他的褡裢成了名副其实的流动邮箱。

不仅如此，为了解决恶劣天气时牧民常常迷路的问题，宝音在日常走访中处处留心，历时10年为牧民绘制了一幅戈壁草原大图。在这张大图上，他详细标出了每户牧民的居住点，画出了道路、河槽、敖包等明显标志。如同查字典一样，牧民的户籍编号、牧场编号、家庭成员信息等基础资料一目了然，应有尽有。

而说到查字典，为了学会汉语，方便走访汉族牧民，也为了所里的信息建档工作，宝音褡裢里的《新华字典》一带就是20多年。宝音学会了汉语，派出所的信息档案也归置的井井有条。可鲜为人知的是，为了方便工作，宝音自掏腰包购置了打印机和数码相机。当上级领导问及相关情况的时候，他只是腼腆地说："单位有困难，个人贴补是暂时的。"

多年来，月工资仅有3000多元的宝音已经帮助过50多名孤寡老人、困难群众，资助过20多名贫困子女上学，收养过3名困难家庭儿童，捐款捐物折合人民币3万多元。虽然不是惊天动地的英雄壮举，但民警宝音却做到了用脚丈量民生、用心贴近民意、用情化解民忧、用力赢得民心。在乌拉特草原上，人们也许不认识这里的领导，但没有人不认识民警宝音。挂在群众口头最亲切的称谓是"赛因察戈答"，也就是"好警察"。

一个人做一点好事并不难，难的是几十年如一日执着忠诚、献身于人民。如今，这位脚踏摩托车、肩披毛褡裢的人民警察仍然默默守护着脚下那片辽阔的草原，用满腔热忱和无私情怀续写着"赛因察戈答"的动人篇章。

千年古堡鸡鹿塞

内蒙古河套文化博物院 杨春燕

位于内蒙古巴彦淖尔市阴山山脉西段的哈隆格乃沟是重要的垭口，在战国秦汉时期是匈奴进入中原地区以及由中原进入漠北的要道。这里曾发生过许多故事，今天我要讲的故事主角就是位于哈隆格乃沟南口的汉代北方著名军事交通要冲——鸡鹿塞。

所谓"塞"，就是长城沿线设置的驻守士兵的小城，是长城防御体系的重要组成部分。为什么说鸡鹿塞是著名的军事交通要冲呢？从其所处的地理位置可以看出，哈隆格乃沟是匈奴进入中原地区最近、最快、最便捷的一条道路。从战略意义上讲，守住哈隆格乃沟沟口就可以有效阻止匈奴骑兵的进犯。而鸡鹿塞恰好位于哈隆格乃沟南口的一处高地上，整个位置选的易守难攻，在汉王朝和匈奴数次战争中起到了至关重要的作用。

整个要塞是如何发挥其军事防御功能的呢？鸡鹿塞古城呈正方形，全部用自然石块垒砌而成，边长68.5米，残墙高一般在7米左右。城的四角设有角台，主要作用是加固墙体，提高鸡鹿塞的防御能力。士兵驻守在角台上，无论是视野面积、射击面积，还是脚下活动面积都得以提升。城门设在南墙中部，城门外还建有瓮城，其门东向，呈方形。当匈奴人攻入瓮城时，将鸡鹿塞的城门关闭，即可形成"瓮中捉鳖"之势。城门内侧依南墙建有登城马道，主要是便于官兵登上城台观望，一旦战事发生，可迅速进入战斗状态。整个鸡鹿塞处处彰显着其强大的军事防御功能。

　　唐代诗人李商隐曾有诗云："鸡塞谁生事，狼烟不暂停。"鸡鹿塞在西汉时发挥了强大的军事防御功能，到东汉后期逐渐废弃，直到西夏政权疆域拓展到河套东北的阴山草原地带，鸡鹿塞再度被当作军事防御设施启用。

　　虽然鸡鹿塞战功赫赫，但战争在任何时候都不是长期行为。塞旁有一条古道，据考证是历史上著名的草原丝绸之路，可见鸡鹿塞的作用并不止于军事。汉宣帝时匈奴呼韩邪单于归汉，宣帝从朔方郡调拨谷米三万四千斛作为单于及其部众的食需，由此谱写了一曲民族团结的篇章。西汉竟宁元年，王昭君出塞，就是从鸡鹿塞经由哈隆格乃峡谷前往漠北的。

　　鸡鹿塞、长城及周边的烽燧遗址，曾共同组成汉王朝西北边关的军事要冲，是汉王朝抵御匈奴、胡汉和亲，以及各民族经济、政治、文化友好往来的历史见证。

　　2020年6月25日，历经4年的鸡鹿塞遗址修缮保护工程完工，修复后的鸡鹿塞再现了古遗址原始风貌，成为沿山一道亮丽的风景线。让我们共同守护文化遗产，传承中华文明。

无字天书　阴山岩刻

内蒙古河套文化博物院　　杨春燕

也许您去过浪漫的土耳其，也去过东京和巴黎，但是您知道吗，巴彦淖尔人的家门口就有浪漫的、价值连城的"天书"——阴山岩刻。在南北绵延60～120公里、东西长350公里的阴山山脉上，已发现岩刻分布群156个，较密集区19处，画面5万余幅。它们形态各异，讲述着不同的古老而又神秘的故事，万幅岩刻中没有任何一个现代意义上可辨识的字，也因此被誉为"文字之前的文字"。

可能您会有这样的疑问，为什么称"阴山岩刻"，而不叫"阴山岩画"呢？人类在未发明文字前，是用"刻"和"画"的手段来记录和表达生存状态的。阴山上发现的岩画大多为敲凿或磨刻而成，使用"刻"更能突出其制作特点。生活在河套地区的古人为后人书写了一部无字的历史，阴山岩刻是人类发明文字之前极其重要的历史资料。

《双神图》是阴山岩刻早期作品的典型代表，发现于巴彦淖尔市磴口县默勒赫提沟，距今已有1万年左右。《双神图》是采用"磨刻法"制成的。用此技法磨刻岩画费时费力，以先民的条件，我估计至少花两年时间才能磨刻出这样一副栩栩如生的《双神图》。

这幅岩刻具体是怎样制作出来的呢？说起来并不复杂，首先用石器在岩石上磨刻出太阳和月亮的雏形，然后再用尖硬的石块沿轮廓线来回磨。《双神图》的磨痕深而光，应该不是一次性完成的。专家推测古人每年在祭祀的时候都要在原有图案的基础上进行再加工，历经时间的洗礼，才向我们呈现出这幅经典之作。

如此耗时耗力、栩栩如生的岩刻，它的创作者一定是当时的萨满巫师或部落首领等地位比较高的人。中国知名岩画专家盖山林老先生认为，岩画的创作者可以称作中国最早的"知识分子"。

图中右边是太阳神，左边是月亮神。古人为什么要将这样一种形象磨刻在岩石上呢？其寓意可能有二：一方面，"日月相辉映"反映了远古人类对天体宇宙的认知，特别是对日、月富有浪漫的想象并顶礼膜拜。头部的放射性线条既象征着太阳的光芒，也代表着王冠。太阳神是部落最高首领，月亮神是首领夫人，显示出地位的至高无上及天人合一的神圣意愿。另一方面，"日月相交"代表了男性与女性的结合，表达了远古先民对"性"的崇拜，因为这样才会有生命的延续和族群的壮大。

进入新世纪，人们开始重新审视、观察以及宣传阴山岩刻。巴彦淖尔市政府为它建设了专门的博物馆，不断有历史文化专家发表关于它的论文。画师、作家、摄影师的艺术作品赋予了它新的生命力。河套的农副产品以它作为品牌标识的图形符号。

在阴山沉睡了千年的岩刻，就这样成了现代人的宝贝，将远古文明与现代文明紧紧相连。如果您有兴趣的话，请来一睹为快吧，进行一场与先人的对话，您定会为古人深邃的艺术思想和作画技法所折服。

满载乡愁的巴盟穰皮

内蒙古河套文化博物院　张静

在西北这块土地上，"面筋"这一名词儿乎所有人都不陌生。方圆百里有着不同流派的面筋，有陕西的"凉皮"，宁夏的"面皮"，还有内蒙古巴彦淖尔的"穰皮"。无论是哪一种叫法，都是指这种小吃。要说河套的特色美食，穰皮绝对是最受欢迎的舌尖美味。

巴盟穰皮曾经还有个很高雅的名字，叫"昭君披子"。穰皮跟有沉鱼落雁之貌的昭君有何关系呢？传说昭君出嫁匈奴后，很不习惯草原的游牧生活，吃不惯奶酪和肉食，单于非常着急，就千里迢迢从长安请来一位会做面点的厨师。厨师冥思苦想出一种极具特色的风味面食，他先把面团揉洗，再把滤下的面汁蒸成薄皮，加上各种调料，冰凉爽口。昭君吃了红颜大悦，单于大喜，他觉得这粉皮像昭君扬鞭策马时穿的那件美丽的斗篷披子，就将这种面食叫作"昭君披子"。

虽然这是一个传说故事，但也由此可见巴盟穰皮的美味。巴彦淖尔位于黄河几字弯的最北端，黄河从巴彦淖尔流过，滋养了八百里河套米粮川，千百年来的农耕文明与游牧文明造就了河套地区独特的饮食文化。巴盟穰皮的原材料就是产自河套地区的小麦。河套平原是全球红皮小麦的黄金种植带，由于昼夜温差大，日照时间长，产出的高精度优质春小麦富含蛋白质、矿物质、膳食纤维等营养物质，制作的穰皮色泽乳白，口感筋道，再淋上特制的汤汁，浓厚醇香，闻名大江南北。

别看只是一道小吃，巴盟穰皮的制作可是繁琐而讲究的。您看，河套优质面粉在师傅的指尖欢快的律动，面团经过揉洗、分离、高温淬炼后就变成了穰皮条和面筋块。但这还不是制作穰皮的关键环节，想让穰皮具有灵魂，就要拿出独家秘制的配方。拌上"胡麻葱花辣椒油、蒜泥米醋西红柿、芹菜香菜圆白菜"等十余种调料，最后再加些当地人特制的烂腌菜盐汤，一碗鲜香的穰皮就调制好了。瞧瞧，单是这五颜六色的卖相就让人垂涎欲滴了。吃进嘴里，口感爽滑柔韧，清凉解暑，满嘴生香，那美味劲儿简直无法形容了。

行走在巴彦淖尔的大街小巷，随处可以看到巴盟穰皮的招牌门店，穰皮的鲜香气息弥漫着整个城市，诱惑着来往客人的味蕾。这故乡的独特味道，还勾起了我儿时的一段回忆。想当年，我青春靓丽的母亲大人每逢逛街都要带上我这个小跟班儿，必去的有旧时的金川市场，在那里来一大碗清凉爽口的穰皮，还会特意配一空碗让我这个小跟班儿也解解馋。在一次吃穰皮的时候，母亲沉醉在美味当中，把我忘到了九霄云外，险些丢了调皮的我。如今我已长大成人，但每当吃穰皮的时候还会想起这段惊心动魄的"丢孩子事件"。巴盟穰皮是我家乡的味道，更是我儿时的回忆。

小小的穰皮饱含着河套山水间的淳朴气息、纯正的乡土味道和浓郁的民族风情，那一片真情实意的"味道"代代相传延续至今。它汇聚着故乡的独特味道，是一种家的味道，一种妈妈的味道，一种童年的味道。这味道不仅是留在我舌尖上的、萦绕一世的乡愁，更是故乡给予我一生的宝贵财富。

塞外盛开的"山丹花"——二人台

内蒙古河套文化博物院 张静

说起内蒙古的文化艺术，最具代表性的就是长调、呼麦、马头琴等，很少有人提及其他。但在辽阔的内蒙古草原上、水草丰茂的黄河两岸边，还盛开着一朵戏曲奇葩，这就是人称塞外"山丹花"的二人台。

二人台作起源于山西，成长于内蒙古，是一种流行于晋、蒙、陕、冀等地的传统剧目。它流传久远，影响博大，脍炙人口，家喻户晓，堪称"北方民族的有声《史记》"和"别样的《离骚》"。

正如"山丹花"野生向阳生长，二人台从诞生起就是扎根于泥土的草根文化，反映百姓的喜怒哀乐是它的活力所在。清朝同治年间，成千上万的晋、陕等地老百姓迫于生计走西口，也同时把二人台这种艺术形式带到了塞外。"二亩地，一头牛，老婆孩子热炕头"的安逸生活，使他们对文化生活有了更多的追求。劳动之余，乡亲们常会在灶台厅堂、田间地头或是在丰收麦场、送粮路上扯起嗓子唱几句："软个溜溜的油糕，那个胡麻油来炸，吃上那磴口县的华莱士，保管你们不想家。"道出了乡亲们对家乡的热爱和对美好生活的向往。

正如"山丹花"的花语意为团结，二人台艺术凝聚了蒙汉两个民族的文化精华，在内蒙古这片丰厚的艺术土壤中茁壮成长，散发出独特的魅力。二人台传统表演中，大胆融入了蒙调汉词的唱法、蒙古族长调的唱法，创造性使用了蒙汉交融的"风搅雪"艺术表现手法。比如这句"呼噜登牙步快点走，小心脑亥咬了妹妹的手",意思是"快走快点走,小心狗咬了妹妹的手"。既突出了民族特色、地域特色,又增强了节目的艺术感染力,同时也反映了蒙汉两个民族你中有我、我中有你的亲密关系。

正如"山丹花"盛开时漫山遍野红似火焰,二人台经过百余年的发展,流传下来千余种传统剧目。它的土生土长土里料,土言土语土腔调,让老百姓十分喜爱,尤其在农村更是家喻户晓,几乎人人都能唱几句。"打不完的金钱卖不完的菜,看不厌的打樱桃、探病、走口外。""你拉上胡胡我哨上枚,咱们俩个抖上一段二流水。"浓郁的生活情趣和犀利的嘴皮子功夫,让这种说中带唱、唱中有说的艺术在劳动人民心中深深扎下了根。

2006年5月20日,二人台经国务院批准列入第一批国家级非物质文化遗产名录,这对二人台艺术的保护、研究、传承和发展具有深远的意义。二人台流传近百年,滋养了一代又一代人的心灵,从宫廷到文苑,从市井到乡村,老百姓即使一个字不识也能看得懂、听得懂。二人台作为我国劳动人民的伟大创造,不仅是艺术的表达,还是民族文化的发扬与传承,是一枝永不凋谢的"山丹花"。

回忆那段开挖总干渠、总排干的峥嵘岁月

黄河水利文化博物馆 张雪娇

新中国成立后的60多年，是河套灌区2000多年建设史中最辉煌的时期，勤劳、智慧、勇敢的河套人民战胜了种种难以想象的困难，掀起了四次大规模水利建设高潮，实现了三次大的历史跨越。而最让人们刻骨铭心的，当属总干渠、总排干开挖的历史。

1958年，巴彦淖尔组织了23000名民工，打响了西起三盛公枢纽工程、东至包头市东郊，全长230余公里的开挖总干渠的战役。这些照片就是在开挖总干渠时拍摄的。当时正值国家三年经济困难时期，由于施工条件相当艰苦，劳动强度大，不少民工出现浮肿及夜盲症状，大多数人落下了终身的关节疾病；不少妇女出现了绝经，有的因此终身未育。他们身上所体现出的吃苦耐劳精神，传承给了千千万万的河套儿女。

1975年冬，巴盟盟委成立了总排干总指挥部，由时任盟委书记李贵任总指挥，对总排干进行了扩建与延伸。15万人奋战在西起杭锦后旗太阳庙公社、东至乌梁素海，全长200多公里的总排干工地上，出现了"党政军民齐动员、四级书记带头干、五级干部上前线、男女劳力齐参战、全民大战总排干"的壮观场面，充分显示了全盟各族人民横下一条心、根治盐碱化的雄心壮志。数九寒天，总排干两侧只有3万常住居民，却容纳了15万人居住施工。当地群众尽量把好房、热房腾出来，自己一家几代人挤在一个炕上。尽管如此，民工们的居住条件仍是十分艰苦，炕上住满了，地下也住满了，还搭起了二

层、三层的上下铺，把一切可以挡风的地方都用上了。许多民工吃的是没有菜的饭，喝的是苦碱水。

杭后头道桥公社社员马大锁，施工中能吃苦、敢冲锋，一次被漏沙埋到腰部，被人拉出来后又继续干活。临河县有个38人组成的妇女营，巾帼不让须眉，在工地上名声大震。杭后光荣公社副社长王巨才，家里一个孩子落水溺亡，仍坚持不下火线，在他的带动下，全公社提前20天保质保量完成了施工任务，他所带领的施工队被评为"老虎队"。技术人员王维舟，施工中由于饮食不定导致身体浮肿，但他仍坚持在临河和杭后工地上，每天往返20多公里，民工们称其"胶皮肚子飞毛腿"。

那时大家都干劲十足，还养成了一个雷打不动的习惯，就是临收工时在自己的箩筐中再装上最实最满的一担泥土，用尽全身的力气将其担到渠堤上，然后才回工棚吃饭休息。这担土被戏称为"英雄担"。

大家现在看到的这面流动红旗曾在开挖总排干的工地上高高飘扬，当时鼓励大家在艰苦环境中苦干实干的并不是物质上的奖励，而是这样强大的精神动力。

通过总干渠和总排干的开挖，河套灌区成为全亚洲最大的一首制自流引水灌区。我们现在看到的是最新版的内蒙古河套灌区现状图。这些密密麻麻的渠系，是先辈们在极其艰苦的条件下，用锹挖肩担的原始劳动方式完成的。他们创造了世界水利史上的奇迹，他们为河套百姓的繁衍生息立下了汗马功劳，他们是河套灌溉史上可歌可泣的英雄！我为身为河套人而骄傲。

拾壹

乌海市

穿越三亿年前的植物庞贝城

乌海市海勃湾区博物馆　强越

奇石是大自然的馈赠，悠久灿烂的赏石文化陶冶了一代又一代的人。2012年，乌海市被中国赏石家协会命名为首个"中国赏石之城"。文化的形成必然有其丰厚的历史渊源，乌海赏石文化也不例外。乌海的奇山怪石铸就了乌海人对石头的喜爱，乌海的"植物庞贝城"、桌子山岩画群等历史自然遗存，更是乌海与石结缘的实证。

大多数人可能对"植物庞贝城"这个名称感到困惑。为了解开"植物庞贝城"之谜，让我们先来了解两个有关火山的故事。

第一个故事发生在公元79年，意大利维苏威火山突然爆发了。火山喷出的岩浆遮天蔽日，很快就吞没了附近繁华的庞贝城，2000多人葬身于火山灰和熔岩之下。经过考古学家复原研究，2000多年前的古城景象得以再现，庞贝古城被联合国教科文组织定为世界文化和自然遗产，它也是一座天然的历史博物馆。

另一个故事发生在距今3亿年前，那时的乌海乌达大地上生长着一片原始森林，生机盎然的各种植物自由生长。然而几十公里以外的一座火山突然喷发了，所有植物瞬间被火山灰和熔岩吞没、覆盖，经过近3亿年的漫长岁月形成了一片植物化石群落。由于这片植物化石群落与庞贝古城有着相似的命运，因此被定名为"植物庞贝城"。

乌海乌达"植物庞贝城"面积约20平方公里。根据复原结果，3亿年前该地区的植物包括石松类、有节类、飘叶类、蕨类、原始松柏类、苏铁类等六大植物类群。其中蕨类植物构成了森林的主体，高层植被由原始松柏类的科达和石松类的封印木构成，底层植物主要由有节类植物楔叶和星叶等植被构成。最高的树木是石松类，高度能到30米，树干直径最粗能到1米左右，而大部分的树木到不了这个高度，直径也只有碗口那么粗。

按照达尔文的进化论，高等植物总会比低等植物更能适应环境的变化，但在"植物庞贝城"却有一个"颠覆性"的发现——高等的裸子植物被低等的孢子植物"赶尽杀绝"。科研人员甚至发现了已经灭绝了的孢子植物——飘叶类拟齿叶完整的树冠标本，而进一步的调查也表明，这类植物可能在局部区域占据统治地位。

世界上最古老的苏铁也发现于此。苏铁是植物界的"活化石"，这一发现揭示了苏铁植物有可能起源于中国，它与发现于中国华北的苏铁化石共同勾勒出二叠纪苏铁植物在中国华北的繁荣景象。

据研究人员称，对这些植物化石进行"解密"，将有助于揭开全球变暖之谜，对探究现代植被随气候变化的趋势也具有重要的参考意义。

"植物庞贝城"是乌海市的一张世界级名片，是人类探索研究大自然的宝库，它具备建设成为国家地质公园甚至世界级地质公园的潜力，值得我们大家期待！

乌海——乌金之海

乌海市海勃湾区博物馆 王媛媛

"凿开混沌得乌金，藏蓄阳和意最深。爝火燃回春浩浩，洪炉照破夜沉沉。鼎彝元赖生成力，铁石犹存死后心。但愿苍生俱饱暖，不辞辛苦出山林。"这是明朝于谦的一首《咏煤炭》，前四句描写煤炭的形象，写尽煤炭一生；后四句有感而发，抒发诗人为国为民、竭尽心力的情怀。

乌海市因煤炭资源分布广、数量大，素有"乌金之海"的美称。煤炭与乌海有着什么样不可分割的联系呢？下面就请大家通过我的讲解，了解我的家乡——乌海。

乌海市总面积1754平方公里，总人口约55万，有汉、蒙、回、满等数十个民族。乌海市与煤炭的渊源要从1958年说起。1958年10月，内蒙古党委召开了西部地区盟市委书记会议，会议要求巴盟和伊盟当年要完成年产煤50万吨的任务，以供应包头、呼市钢铁生产所急需的焦煤。因此，黄河西岸的乌达煤田和黄河东岸的桌子山煤田，分别有万名左右的工人、干部、农牧民昼夜兼程，奔赴矿山，在荒山野岭展开了一场夺煤大会战。这也拉开了乌海市这座移民城市的序幕。

巴盟和伊盟的煤炭生产任务为什么会与乌海市关联呢？又是什么原因使乌海市得了"乌金之海"的美称呢？请各位看我身后的这幅地图。

1976年元月，经国务院批准，原属于伊盟的海勃湾市与原属于巴盟的乌达市合并成立乌海市，成为继呼和浩特、包头之后的内蒙古自治区第三个直辖市，市政府设在海勃湾。长期隔河相望的两大煤田终于聚合在一座城市的怀抱里，共同托起了这座新城的富裕和繁荣。乌海市已探明的有价值的矿产地有40余处，有煤、铁、铅、锌、石灰石等20余种矿产，其中煤的地质总储量为36亿多吨，含煤面积约425平方公里，几近总面积的1/4。正是因为对煤炭资源的开采利用才有了乌海，所以我们也说是煤催生了乌海，是煤激活了乌海，是煤壮大了乌海。可是煤炭的形成需要几千年、几万年甚至上亿年的漫长时间，是非常珍贵的不可再生资源，我们必须合理开发利用并保护它。面对日渐枯竭的资源，乌海市委、市政府提出了城市转型。

现在的乌海，山、水、沙、城是她的闪光点，"沙漠绿洲""水上新城"是她的新名片。乌海市正从资源型城市逐步向旅游型城市转变。如果您问我来到乌海有哪些一定要去的地方，我会向您推荐以下几处：乌海湖，总面积118平方公里，面积是杭州西湖的18.5倍、宁夏沙湖的2.6倍。金沙湾生态旅游区，占地面积2000公顷，因沙色金黄而得名。乌海煤炭博物馆，一座反映半个世纪以来乌海市因煤建市、因煤兴市这一历史过程，以及在这一历程中煤炭工人所表现出来的"创业、奉献、争先"的乌海精神的专题性博物馆。

细看乌海，虽然建市时间短，但却有很多让人着迷和沉醉的地方。有限的时间里，我的讲解不能为大家一一分享，只能在此发出邀请，希望各位可以走近乌海一睹芳容，走进乌海享乐其中。

走近乌海市桌子山召烧沟岩画

乌海市博物馆　赵红

召烧沟岩画遗址位于乌海市市区东南15公里处的召烧沟西口南坡上。此地属桌子山—贺兰山皱褶带，是贺兰山北部的余脉。其地质构造为奥陶纪灰色石灰岩，也有少数属寒武纪页岩和泥质页岩，石灰岩的硬度为7度。召烧沟岩画是新石器时代北方游牧民族的文化遗迹，最早发现于1973年。岩画共计298幅，其中90%以上是人面图像，据考证多为古人想象中神灵的图腾，有浓厚的宗教色彩。这些岩画图像形态各异，创意超乎常理，其中又以太阳神图像最为典型。太阳神整体为圆形，头部放射形线条代表光束，重环的双眼及短线刻划的睫毛使整个面部神采奕奕，表情似笑非笑、似怒非怒，带给人们无穷的想象，冷峻神情中透露出的威严、和蔼更使人不由自主心生敬畏。我们无法明确说明这些岩画的意义，而神秘正是岩画最大的魅力。

下边我为大家介绍几种具有代表性的岩画图像。

和谐之家：图像磨痕很深。左方的人面像十分清晰，长头形，有头饰，头四周布满刺芒状物，面部眉眼鼻嘴皆有，露着参差不齐的牙齿，颏有三条直线，大约表示脖颈。中间也是一副人面像，但头顶有一尖状物，应该仍属于头饰一类的东西。右边的图像轮廓鲜明，头四周亦布满刺芒状物，但面部已不清晰。综合来看，这幅图像应该是表现一家三口舞蹈的场面。

穹庐毡房：刻有穹庐毡房的岩画反映了当时人们的居住概貌，具有浓郁的牧区生活特色，为研究我国古代北方少数民族的居住情况提供了例证。

羊角人面像：这幅岩画磨刻在盘石的西部。画面中的人面像面部呈长方形，头顶有类似羊角的装饰，眉毛、眼睛、鼻子、嘴唇都很清晰，有人说是羌族的图腾。有一次羊年春晚还特地来此取过景。

马牛羊阴刻图：动物是史前人类岩画创作的基本题材，桌子山岩画群中各种动物的形象都很真实。在世界范围内，动物岩画一般都被赋予宗教意义，而除了宗教崇拜外，岩画中的许多动物形象可能是用于记事的。对于远古人类来说，了解动物的习性，掌握它们的规律，是攸关自身性命的大事。通过描绘动物形象，可以加深人们对狩猎生活的记忆，激发人们对动物的占有欲。孩子们还可以从图像中认识动物，接受长辈们的狩猎经验。

太阳神：天体崇拜反映了人类最初的天文知识。日夜轮回，太阳带来了光明和温暖，带来了生命和繁衍。因此古人将太阳视为神灵，继而磨刻太阳神，将其拟人化，赋予其生命和灵性，以增强自身同自然抗争的勇气和信心。这幅太阳神岩画是召烧沟岩画的典型代表，也是这一地点磨刻最深的一幅岩画。太阳神人面保存十分清晰，近乎圆形，头四周布满刺芒状物，面部眉、眼、鼻、嘴具备，颏下两条直线大约表示脖颈。这幅岩画刻痕较深，线条粗犷，线条宽度约4～6厘米、深度达3厘米。这也说明此岩画可能是祭祀中最重要的神灵，因为祭祀时族人都要将其细致摹刻一遍，所以经年累月痕迹才会越来越深。（彩图四）

人面像：画面中左边的人面像轮廓呈椭圆形，头顶上插有饰物，周围布满刺芒，面部已模糊，下面的两条直线应该是表示身躯。

召烧沟岩画在桌子山岩画群中数量最多，保存也最为完整。这些精美绝伦的艺术珍品生动展现了先民在这里繁衍生息、游牧、狩猎的情景，反映了桌子山一带古代游牧民族的社会面貌、经济生活和原始宗教信仰，为我们研究早期游牧民族的历史和文化，探索人类文明进程提供了极其重要的资料。

拾贰

阿拉善盟

卷轴里的视觉盛宴——阿拉善马鬃绕线堆绣唐卡

阿拉善博物馆　嫣然

"唐卡"也叫"唐嘎"，是藏文音译，泛指悬挂、供奉在藏传佛教寺庙内的宗教卷轴画，题材内容涉及历史、政治、文化和社会生活等多个领域。按照制作技艺可分为绘画、刺绣、织锦、堆绣以及镶嵌等，有的还会使用一些黄金、白银等贵重金属进行加工。

阿拉善左旗头道湖昭化寺的马鬃绕线堆绣唐卡是阿拉善盟独具特色的少数民族传统非物质文化遗产，是唐卡文化中的一支，距今已有300多年的历史。马鬃绕线堆绣唐卡最初是由寺庙里的喇嘛们进行制作，通过制作者的潜心研究和不懈努力，逐渐成为技法精湛、用色考究、内容和形式完美统一的艺术瑰宝。之所以使用马鬃来制作唐卡，是因为融入了蒙古族对马的深深眷顾和独特情感，这也是马鬃绕线堆绣唐卡的魅力所在。

马鬃绕线堆锈唐卡按制作技艺可分为"平剪堆绣"和"立体堆绣"两种，有图案设计、绸缎剪裁、依次堆贴、精心绣制等众多工序，一些图案还会用矿物质颜料进行着色。制作之前要将马鬃反复冲洗并进行供奉，以示虔诚与尊敬。制作时，以马鬃为芯缠绕各色的丝线，之后缝制在裁剪好的图形边缘，最终堆粘、缝合成图。用这种方法制作的唐卡，除了整幅图像能有活灵活现的立体感外，还能保持不变形、不走样。

2015年9月，马鬃绕线堆绣唐卡被列入第五批自治区级非物质文化遗产保护名录。为了让这一艺术走出佛教寺院、走近百姓生活，传承人们在保留传统唐卡常见题材的同时，紧跟时代步伐、不断创新，将人文地理、历史故事和中华儿女对美好生活的憧憬都收入其中。例如这一技艺的自治区级传承人陶格日勒老人，于2018年创办了第一个马鬃绕线堆绣唐卡传习所。为庆祝新中国成立70周年，他带领十几个工匠耗时一年，用唐卡艺术的形式，展现出56个民族在党和国家的关怀下团结奋进，共同歌唱美好生活、祝福祖国繁荣富强的盛景。此外还制作了"红色轻骑兵——乌兰牧骑"专题唐卡和以抗击新冠肺炎疫情为主题的系列唐卡。这些佳作，使得古老的技艺在新时代绽放出新的华彩。

阿拉善的非遗传承人，用自己的坚持与智慧为我们呈现出精巧技艺背后的质朴与热爱，如同那勇往直前的"蒙古马精神"鼓舞着草原上的人们。如果说通过梵高的油画，您可以洞察人类内心的孤独；通过齐白石的水墨，您可以感受大自然的意境。那么通过马鬃绕线堆绣唐卡，您可以在领略视觉盛宴的同时，感受到非物质文化遗产的一脉相承与不断发展。

丝路驼铃

阿拉善博物馆　项羽

　　丝绸之路是连接东西、通向世界各地的和平之路，是传播中华文化、吸纳世界精华的文明之路，更是促进沿途各国经济繁荣的发展之路。大漠孤烟，声声驼铃。古老的丝绸之路以这样的画面定格在历史的记忆深处。

　　驼铃是中国西北地区所特有的一种养驼用具。2008年，阿拉善蒙古族养驼习俗，包括驼具制作，被列入国家级非物质文化遗产保护名录。驼铃一般分为"叮铃"和"咚铃"两种，是根据它们发出的声音而定名的。叮铃是用黄铜铸造而成，高10～15厘米，声音十分清脆响亮，穿透力极强，挂在整个驼队的最后一峰骆驼上。咚铃是用生铁铸造而成，一般高30～40厘米，发出的声音比较悠扬，固定在运送的货物上。领驼人只要听着驼铃"叮叮咚咚"的响声，就会知道驼队没有走散，货物没有丢失。

　　现在您看到的就是民国时期的驼铃。这是一只咚铃，它保存完整，现在仍然可以发出动听的铃声，是展现阿拉善"中国骆驼之乡"的重要实物资料。

　　公元前138年，张骞率众出使西域，开启了举世闻名的丝绸之路。在通往西域的漫长道路上，要穿越茫茫无际的沙漠，极耐干渴、善于行走、有"沙漠之舟"之称的骆驼，不仅成为最主要的运载工具，也成为古丝绸之路的不朽象征。《史记·匈奴列传》称骆驼为"奇畜"，奇就奇在它超乎寻常的生物特性。骆驼掌下生着胼胝状的肉垫，行走时脚趾在前方叉开，因此不会在沙面上陷落。骆驼血液里含有蓄水能力很强的高浓缩蛋白，能吸收储存大量的水分。骆驼能在几分钟内摄入相当于自身体重1/4以上的水，其体内水分丢失缓慢，而且即使脱水量达到体重的25%仍无不利影响。骆驼以其在沙漠地区超凡的生存能力，成为丝绸之路上移动的风景。小小驼铃同样为丝绸之路的畅通发挥了积极作用，奏响了世界文化交流的进行曲。

秦汉之时，阿拉善地区被纳入中原王朝的版图。丝绸之路畅达之后，这里逐步成为东西经贸和文化交流融合的重要地带。汉武帝时期，汉王朝为抵御匈奴南下而在居延地区屯垦戍边，留下了大量的历史物证。千百年来，中国和西域的商队在悠悠驼铃的"叮咚"声里留下了一串串脚印，更留下了影响后人的"丝路文化"。在丝绸之路北段的沙漠地带，如果没有驼铃会是宁寂的，没有驼影会是荒凉的，甚至这条通道可能也不会存在。

"边城暮雨雁飞低，芦笋初生渐欲齐。无数铃声遥过碛，应驮白练到安西。"听！骆驼颈上的驼铃不断摇动，在空寂的沙漠上传播辽远。

丝路与驼铃，穿越古与今。驼铃已经不仅仅是原始的骆驼用具，更代表了一种精神，一种力量，一种希望。它承载着丝路文化在阿拉善的延续和发展，更传递着阿拉善的骆驼文化。古丝绸之路上的商队早已远去，但积淀了厚重历史的驼铃却仍在讲述丝绸之路曾有的繁华。

血洒贺兰　正气长存
——记阿拉善和硕特旗第一任工委书记曹动之

阿拉善博物馆　解景嫒

掀开阿拉善的历史篇章，您会发现许许多多可歌可泣的英雄事迹，既有革命先烈的英勇献身，更有阿拉善人为了祖国国防建设事业的牺牲与贡献……先烈精神，殷殷在怀，不敢或忘。

走进阿拉善博物馆历史展厅，这张珍贵的老照片格外引人入目。

1906 年，陕西省一个贫苦的农民家庭中出生了一个男孩，名叫曹动之。他读书时就接受了革命思想教育，积极投身学生自治运动。1927 年，在横山县地下党组织负责人钱达民的介绍下，曹动之加入了中国共产党。1929 年，中共陕北特委指派曹动之为伊克昭盟乌审旗一带党的负责人，开辟游击区。在长期的革命斗争中，曹动之与蒙、汉、回各族人民同生死共患难，结下了深厚的情谊，被老百姓称为"曹青天"。他坚决贯彻党的少数民族和统一战线政策，积累了丰富的工作经验，为日后在阿拉善和硕特旗的工作打下了坚实的基础。1934 年，曹动之领导的游击队正式编入陕北工农红军二十二支队，他被任命为支队长兼政委。在建立游击队，开展游击战争的艰苦岁月里，曹动之献出家产购枪买马，率领民族骑兵队驰骋在长城内外、绥蒙草原，屡建战功。

宁夏和平解放后，鉴于阿拉善和硕特旗的特殊环境，宁夏省委派曹动之到这里任工委书记，兼保安司令。1950 年 7 月，在银川参加中共宁夏省委第一次代表大会的曹动之接到了"郭匪袭击定远营"的报告，他将情况向上级领导汇报，并对剿匪问题及局势进行分析、交换意见，随后便匆匆离会。曹动之骑马动身，准备尽快翻越贺兰山返回阿拉善和硕特旗，不料却在樊家营子遭遇郭匪袭击。曹动之抛开马匹，藏好机密文件，与通讯员杨万山、张永祥一起同匪徒展开了激烈搏斗。因寡不敌众，三位英雄光荣殉难。

曹动之同志遇难后，宁夏各族人民在银川举办了公祭烈士大会。随后宁夏军区对贺兰山大举进剿，将郭匪等抓获进行审判，并执行了枪决。

忆往昔，峥嵘岁月。革命先辈在阿拉善大地上谱写了一曲曲革命英雄主义的壮丽颂歌，他们的丰功伟绩一直被人们传诵。不管时代如何变迁，先烈们舍生忘死、无畏奉献的精神我们将永远铭记于心。

民俗记忆——蒙古族剪胎发仪式

阿拉善博物馆　解景媛

"二月二，龙抬头，风调雨顺好年头；打好囤，备好梯，丰衣足食无忧愁。"每年的农历二月初二"龙抬头"是中国传统的节日，在这天理发店门口排起了长龙，人们蜂拥而至，就为讨个好彩头，能够带来一年的好运。那么今天，我来跟大家说一说少数民族的"剪发礼"——蒙古族剪胎发仪式。

我的家乡阿拉善是多民族聚居之地，其中蒙古族人口约占19%。剪胎发仪式是蒙古族人生历程中的一项重要礼仪，蒙古族儿童从出生起蓄发到3岁或5岁，就会举行隆重的剪胎发仪式，家中亲戚朋友要为幼儿剪发并赠送礼物。如果您在阿拉善看到蓄着小辫子的幼儿，那可不一定都是小女孩儿，也可能是还未完成剪发礼的小男孩儿。

在选定的吉日这一天，主人早早开始筹备，布置会场，杀牛宰羊，为孩子准备礼物，为客人们准备丰盛的美食和马奶酒。剪发礼开始了，妈妈领着身穿漂亮蒙古袍的孩子来到长辈们面前，除了孩子头顶的毛发要留给父母去剪，首先由属相相合、儿孙满堂的长者开第一剪，接着是家人们和到场的宾客朋友们轮流为孩子剪发并赠送礼物。赠送的礼物一般是有生命的年幼母畜，它们会跟着小主人一同成长，然后繁衍成群，成为小主人长大后的第一笔财富。长辈们还要抚摸着孩子的头说一些剪发礼赞词，大意是祝孩子像雄鹰一样勇猛，像骏马一样矫健，像菩提树一样福禄常青、长命百岁、幸福无涯，饱含了长辈们对孩子的关心与呵护。此后宴会就开始了，人们喝起祝福的酒，唱起激情的歌，拉起悠扬的琴，跳起欢快的舞，沉浸在欢乐祥和的喜气之中，剪发宴从清晨一直延续到傍晚。

阿拉善蒙古族剪发礼寓意着吉祥如意、人丁兴旺、福寿安康，体现了本民族的文化信仰。传统的剪发礼歌曲、赞词也被保存下来，这是蒙古族灿烂文化的组成部分。

阿拉善蒙古族人民淳朴善良、团结向上，他们向世人展示了深邃的民族文化内涵，用自己的真情和行动浇灌了一朵朵民族团结之花。

1. 绥远城将军衙署

2. 扎兰屯百年吊桥

1. 黑山头古城遗址

2. 嘎仙洞遗址

敕勒川自然风光

召烧沟岩画——太阳神

1. 五一会址

2. 乔培玲故居

1.国家级非物质文化遗产——桦树皮制作技艺

2.国家级非物质文化遗产——蒙古族安代舞

1. 石炭纪的鄂尔多斯

2. 阳湾遗址造房场景复原

清代彩绘木雕蒙古象棋

1. 夫妻对坐图

2. 陶鬲

3. 陶鬲

1. 虎牛咬斗纹金饰牌

2. 包金卧羊带具

1. 双禽交颈纹青铜饰牌

2. 三鹿纹青铜饰牌

1. 鹤形青铜杖首

2. 鹤形青铜杖首

3. 人骑骆驼纹柄青铜镜

2.元景德镇窑青花龙纹高足杯

1.元景德镇窑卵白釉堆花五彩描金花卉纹高足杯

辽三彩鸳鸯壶